휘파람새의 전설

휘파람새의 전설

서대화 지음

이담
Books

서정성 인성(人性) 수필의 군계일학(群鷄一鶴)을 편다

천광노 / 韓國精神文化良築研究院長, 토요신문 논설고문,

일간 ≪충청시대≫ 주필

수필에도 영육(靈肉)이 있다면 수필의 육체는 문학이다. 그러나 문학의 근저라 할 영혼에는 인간이 있다. 수필은 왜 쓰느냐고 물으면 인간 되어 살며 인간임을 말하고 인간 대 인간의 만남을 목적으로 쓴다고 말할 수 있다. 그렇다면 이 책 서대화 인성수필을 만나면 수필과 문학을 만남과 동시에 같은 세상을 살아가는 우리의 이웃과 나 자신의 깊은 영혼[人性]까지 만나게 될 것이다.

책이 많고 수필도 많지만 군계일학 되어 우뚝 선 본서(本書) 서대화의 인성수필집『휘파람새의 전설』을 추천한다. 수려하고 찬란한 글자들의 잔치가 아니라 진한 인간의 정취가 가득하여 모처럼 만나는 고향 형님 같은 푸근함을 접할 것이다.

수필의 뿌리에는 수필가의 인생관과 삶의 실상이 응집되어 있으며, 문학성 그 이상의 인간 심성이 담겨 있다. 즉, 수필은 문학성보다 깊

은 인간성을 만나 공감하고 감동하며 편히 쉬면서 그(수필)를 보며 나를 보고 느끼는 삶의 깊은 맛을 재음미하는 데 그 목적이 있다고 할 수 있을 것이다. 그렇다면 더더욱 주저함 없이 서정성 짙은 서대화 인성수필집 『휘파람새의 전설』을 추천한다.

글은 그의 인격이라는 수준을 넘는 인품 이상의 품위가 암반 같은 돈필(礅筆)이었다. 돈필인 동시에 문필(捫筆)이다. 믿어도 되는 크고 단단하고도 너른 바위 같은 품성이 글로 녹아내려 글의 품 안에 안기는 순간 감싸임을 당하는 것 같다. 어루만지고 쓰다듬는 크고 따뜻한 두 팔에 안긴 것 같아, 미처 느껴보지 못한 평안+편안함에 감화된 것이 처음 글연의 만남이었다.

인터넷 필명으로만 交友하던 선생께 직접 뵙기를 청하니 흔쾌하게 시간을 내어주므로 만남의 기회를 갖게 되었다. 달려간 그날 저녁의 첫 상면을 잊지 못한다. 동행했던 다른 문우인 한문학자이며 근대사를 연구하는 담강 이승우 선생 역시 그에게서 진한 향기를 느꼈다는 것이다. 아! 세상에서 만나는 인연에는 글로 만나는 글연(文緣)이라는 것도 있다는 것을 실감하게 되었다.

이렇게 만난 이후의 소탈·담백하고 격의 없고 고상한 글벗과 형제의 연으로 살아가는 필자가 이를 더 이상 설명할 재간이 없다. 하여 선생의 수필 「휘파람새의 전설」을 비롯하여 주옥같은 마흔 편의 이 수필집을 추천한다. 필자의 말은 백 마디라도 한마디로 줄인다면, "일단 읽어나 보고 말하라"는 것이다.

글에 인간이 있고 글에 인간의 인간 사랑이 있다면 서대화 선생의 글에는 "그럼에도 그대를 사랑한다"는 무조건적인 사랑의 도량이 있다.

글에 자연이 있고 자연환경이 우리를 지키며 도와준다면 자진하여 스스로가 먼저 고맙게 여기고 자신이 자연으로부터 받는 혜택에 무조건적으로 먼저 나도 자연을 사랑한다는 동화된 감성이 담겼다.

너는 누구냐고 묻고 따지기 전에 자신이 먼저 나는 당신으로부터 조건 없는 아우름을 받을 줄 믿기에 넘치지도 부족함도 없는 꽉 찬 존경을 부어 주는 믿음을 만나게 된다.

글에는 하늘과 땅과 우주로부터 공급되는 생명존중과 경외심이 있다면 이게 무슨 말이냐고 물을 게 아니라 선생의 수필을 만나면 긴 설명이 필요하지 않다.

한마디로 줄여 서대화의 수필을 만나면 수필이라는 장르를 통해 온갖 글재주로 표현되는 잔머리·잔재주가 아니며, 박학다식하여 유식을 떨거나 과대한 미사여구로 홀리는 천재성이 아니라, 그저 우리네 고향 형님의 순박하고 말로 다 못한 인간성에서 느끼는 친밀한 감성이 가득하다는 표현이 맞을 것이다.

　오늘 출간하는 마흔 편의 수필 외에도 다른 많은 글을 읽고 공감하고 감동받아 이미 그의 인성을 흠모하게 되었고 우리는 호형호제의 관계가 되었다. 과연 핏줄 같은 믿음의 선배요, 말 그대로의 형님다운 인품에 '세상에는 이런 사람도 살고 만나는구나' 하는 생각에 태어난 보람을 느끼게까지 되었다.

　이제 필자가 체험한 감동에 독자 여러분을 초대한다. 먼저 글로 만나 보고 난 다음에 뜨끈한 장국밥이라도 나누어 보기를 권한다. 수필가 徐大和는 물론, 인간 서대화가 어떤 사람인가 알 것이며 그때는 한국수필의 巨匠이니 大家니 하는 말이 왜소해져 선생의 인품에 반하게 되고 그 후 이 수필을 다시 보면 이게 어떤 경지의 수필문학 수준인가에 대한 인식이 바뀔 것이다.

16호 태풍 '산바'가 치밀어 올라오는 밤, 홍수로 할퀴고 찢을지 모를 일이나 걱정하지 말자. 서대화 선생의 안정된 서정성 인성이 이 밤에도 든든한 반석이 되어 감싸 줄 테니까······.

2012년 9월 17일 밤

장편 역사 다큐멘터리 소설 전 5권 『민족의 스승 월남 이상재』,
『부부학 콘체르토』, 『생각학 콘체르토』, 『대화학 콘체르토』,
『품위학 콘체르토』의 저자

책머리에

 천광노 형제, 그가 추천사를 보내왔다. 고마운 일이다. 나에 대하여 느낀 바를 표현한 그의 찬사가 더러 과장된 부분은 있어도 전혀 가당치 않거나 인사치레가 아니라는 것을 믿는다. 그는 어느 누구의 비위를 맞추거나 기분을 고무시키기 위한 립서비스를 제공하는 성품이 아니라는 것을 알기 때문이다.

 내가 그를 대할 때 꾸미거나 숨김이 없으니 나를 보는 그의 느낌에도 가식은 없을 것이다. 그의 추천사 중 내 심성을 '소탈·담백하고 격의 없고 고상한 글벗'이라고 한 비교적 좋은 표현을 나는 수긍한다. 반면에 스스로 내 글을 책으로 묶어 독자들께 보여 드릴 용기나 도량은 갖지 못한 유약한 이라는 사실도 그는 알고 있었다.

 2001년도에 월간 수필문학사에서 추천완료[薦了]로 등단하고 때때로, 혹은 가끔씩 내가 등단한 문예지와 수필 전문지인 『에세이스트』에 작품을 발표했으니 이만하면 이제 중견작가라는 평을 들을 만도 하다. 그렇지만 나는 무엇에나 낯설어하는 성격 탓에 어디서나 초보작가와 같은 미숙함을 감출 수가 없었다. 작가는 글로 평가를 받고 작품으로 말하는 것인데 내 이름으로 출판된 수필집 한 권 없다 보니 일반 독자는 물론 동료작가들 가운데서조차 나를 모르는 분이 많다.

 주변에서는 많은 회원 작가들이 수필집을 上梓했고 나는 월 평균 한두 권씩은 증정본을 받고 있다. 많은 작품집을 받았으나 다 읽은 것도 있고 더러는 읽다가 그만 덮어 버린 것도 있다. 한두 작품을 읽고 나서는 더 읽기를 포기하기 때문이다. 그것은 작품성의 문제이기도 하지만 내 정서와 맞지 않는 내용일 때 더욱 그러하다. 시, 수필, 또는 다른 장르의 문학작품이라도 독자의 취향과 정서를 충족시켜 흥미를 유발시키거나 감동을 주었을 때 비로소 가치를 인정받는다. 그러나 만인이 읽고 공감하며 환호하는 작품은 그리 많지 않다. 그래서 비평의 대상이 되기도 하고 평론가의 펜 끝에 의해 혹독한 채찍질을 당하고 섭섭해하기도 한다.

그렇다면 내 글, 내 수필, 내 작품은 어떠한가. 평론가에 의해서 좋은 평을 받은 적도 있었고 부분적으로 아쉬움을 지적받은 적도 있었지만 심한 악평을 듣고 좌절한 적은 없다. 그러나 선배작가들이나 수필계의 별 같은 분들의 작품을 읽으며 비교할 수 없는 열등감을 느낄 때 내 글을 세상에 내놓겠다는 의욕은 슬그머니 접을 수밖에 없었다. 내가 쓴 수필집이 독자의 손에 들려 읽혀지기를 원하나 내가 그러했듯이 한두 페이지 읽고 그만 덮어 버리는 허접한 내용이라는 낙인이 찍힐 때의 그 민망, 참담, 수치스러움을 어찌 견디랴. 독자에게 감동을 선사하지는 못하더라도 흥미조차 줄 수 없는 수필집이라면 차라리 창고에 쌓아두는 편이 낫지 않을까. 내 수필을 스스로 평가한 결론이었다.

글의 작품성을 꽃에 비유한 어느 회원 작가의 표현에 동의한다. 세상에는 헤아릴 수 없이 많은 꽃들이 있다. 고급스러운 향의 화려한 꽃을 일컬어 마음을 울리고 깊은 깨달음에 도달하게 하는 좋은 수필이라 한다면 그만 못한 수필은 말없이 들녘에 피어나는 들꽃에나 비교할까. 자연의 아름다움이란 창조주의 솜씨로 빚은 그대로 제자리에 머물러 있는 것들의 조화로움이다. 들판 가득 피어난 꽃들이 온통 장미꽃으로만 채워졌다면 향기는 있어도 그리 조화롭지는 않을 것이다. 장미나 백합 사이사이에 피어나는 야생화의 무리들이 있어 자연은 더욱 아름답다. 온통 장미나 백합꽃만을 피워낸다면 인공으로 만들어진 화원에 불과해서 자연스러운 아름다움은 반감될 것이다. 예쁜 꽃, 좀 덜 예쁜 꽃……, 이러한 글이 문단이라는 화원에 피어날 때 수필문학은 독자들의 관심을 받고 더욱 발전할 것이라는 개인적인 생각을 하게 되었다.

마침 《토요신문》과 일간 《충청시대》에서 논설을 쓰면서 민족의 스승이신 월남 이상재 선생의 일대기를 전 다섯 권의 다큐멘터리 소설로 완간하신 천광노 형제와 가깝게 교우하게 된 것이 하나의 동기가 되었다. 그는 내 글을 몇 편 읽고 나서는 많은 독자가 함께 읽고 감동해야 할 작품이라며 단박에 출판을 계약하도록 모든 조건이나 일정을 조성해 주었다.

그의 인간다움과 정치적, 사회적 높은 안목으로 써내려가는 논설의 깊이와 장편 다큐소설인 『월남 이상재』를 읽고 감화되었다. 자료 수집 및 확인을 위하여 미국, 일본 등을 직접 답사하며 무려 5년이라는 긴 세월을 작품 하나에 몰두하며 이상재 어른의 일대기를 거침없이 써내려간 필력에 매료되어 존중하는 마음으로 그를 대하고 있다.

사이버라는 공간 속에만 저장되어 있던 글이 주변의 권유에 의해서 출판되어 햇빛을 보게 되는 인성수필집 『휘파람새의 전설』, 이 책한 권이 읽는 이의 심금을 울리고 감동을 주는 글이 되기를 소망한다. 그러나 독자 모든 분들께 좋은 느낌을 줄 수야 있으랴. 다만 상처받았거나 메마른 영혼이 있어 내 글을 읽고 공감하며 위로받는 단 한 사람이 있다 하더라도 나는 만족할 것 같다.

2012. 10.

천마산 봉우리가 보이는 창가에서

저자 서대화

Contents

Part 02. 휘파람새의 전설

Part 03. 곤줄박이

Part 04. 목련이 다 지기 전에

Part 01

밤꽃 향기 달콤한 새벽

아버지의 신앙

삼십 년도 더 지난 옛날에 아버지는 돌아가셨다. 나의 삶이 풀잎 같던 시절, 더 성숙해지고 여물어져야 할 나이에 홀연 가장이 되고 보니 그때의 어려움과 적막함은 지금 생각해도 대책 없는 힘겨움이 었다. 이제 오십대 후반을 지나고 있는 나는 2녀 1남의 자녀를 거느린 명실공히 한 가장으로서 기독교 신앙에 뿌리를 내리고 살아가면서 자녀들에게도 그렇게 살 것을 훈계하고 있다.

며칠 전, 예전의 그날처럼 찌는 듯 무더운 날씨에 아버지의 기일이 돌아왔다. 바쁜 업무를 마치고 오후 들어 아이들 셋을 데리고 아내와 함께 성묫길에 올랐다. 서울시내는 물론 도봉산을 지나 인근 도시까지도 한눈에 내려다보이던 묘역은 크게 변해 있었다. 공동묘지로서의 기능을 마감한 지 한참 지난 지금은 그때에 비해 수목들이 자라서 시야가 거반 가려져 있었다. 뿌리지 않았어도 무성하게 자라나온 잡풀들을 말끔히 뽑아버리고 비바람에 패어 나간 묘지 곳곳을 손질하고 나서 예배를 드린다.

우리 가족에게 의미 있는 찬양곡인 찬송가 190장을 부르고 교회에서 발행한 예배 규범 순서에 따라 사도신경으로 신앙을 고백한다. 추모사를 할 때 고인의 행적과 성품을 회고하며 아버지의 신앙적 삶의 단면을 설교 말씀처럼 아이들에게 소개했다.

아버지는 지금의 나처럼 이름도 빛도 없이 살아온 소시민이셨다. 이분은 유년시절에 마을 감리교 예배당에서 학습세례를 받고 신앙생활을 했다. 야트막한 언덕 위에 자리한 이 교회는 세워진 지 100년 이상 지나도록 남아 있어서 이곳을 지날 때마다 우리를 아련한 추억 속으로 데려다주는 곳이다.

그러나 일제강점기의 어려운 시대를 살아가면서 더욱 깊어졌어야 할 아버지의 신앙은 어떤 연유에서인지 교회를 멀리하셨다. 내가 태어나서 자라고 학창시절을 보내며 그분이 돌아가실 때까지 신앙생활하시는 것을 목격한 적은 한 번도 없었다. 그런데 이분이 저녁 무렵 귀갓길에 약주라도 한잔하고 기분 좋게 들어오시는 날엔 우리 형제들을 모아놓고 "함께 찬송가를 부르자"시며 지금의 찬송가 190장을 부르셨다. '성령이여 강림하사 나를 감화하시고……' 하는 곡이다. 나는 청년시절 교회를 떠나 살 때에도 이 찬송가의 가사나 곡을 흥얼거린 적이 많았다. 그것은 아버지의 취중찬송 덕분이었는데 아마도 그분의 의식 속에는 하나님을 향한 타오르지 못한 불길이 잠재되어 있었던 게 아닌가 싶었다. 그런데 이분의 신앙적 양심을 믿어 의심치 않았던 사건을 기억하며 나는 지금도 즐거워하고 있다.

한국전쟁이 터지고 우리가 살던 작은 마을은 삽시간에 인민군에게 점령당하고 말았다. 온 마을이 붉은색으로 변하고 많은 사람들이 세상이 바뀌었다면서 무질서한 약탈과 폭력이 공공연하게 자행되었다. 같은 마을에서도 평소에 감정이 좋지 않았던 이들을 이유 없이 고발해서 공산당에게 고통을 당하게 하던 아주 무서울 때였는데 어떤 이웃이 아버지에게 선심을 썼다.

면사무소 창고에 곡식이 가득 쌓여 있는데 쌀 한 가마니를 집으로 보낼 것이니 받아두라는 것이다. 아버지는 펄쩍 뛰시며 그의 호의를 사양하셨다. "내 것이 아닌 것을 어떻게 불법으로 가져올 수 있겠느냐"며 거절하신 것이다. 누구나가 어려워 쌀 한 톨 구하기 힘든 전쟁통에 자칫 저버릴 수도 있을 양심을 지키시며 자신의 의지에 따라 정직하게 행동하신 것이다.

아버지는 유년기에 마을에 있는 작은 감리교 예배당에서 신앙생활을 하셨다. 비록 어린 시절이었다 하더라도 정직하게 살아야 한다는 신앙교육을 기억했을 것이다. 세례를 받고 신앙을 익히던 예배당이 우러러보이는 그 마을에 살면서 교회에서 배운 바를 저버릴 수 없었던 것이 그분의 신앙이었을 것이다.

우리 모두가 알거니와 그 붉은 세상은 그리 오래 가지 않았다. 곧이어 우리들의 푸른 세상으로 되돌아와 다시 평화를 유지하게 되고 당연히 그때의 약탈자들은 모두 색출되어 큰 곤욕을 당하게 된다.

곡식으로 채워져 있던 면사무소 창고는 약탈자에 의해서 텅 비어 있었고 빈 창고 안에는 양곡 대신 쌀 한 톨이라도 불법으로 가져간 주민들이 가득히 감금되어 있었다. 그때는 인민군에 협력한 사실이 있는 부역자들이나 붉은 세력의 잔당들을 색출하려는 당국의 방침이 지엄하던 시절이었기 때문에 범법자들은 당국의 강력한 수사력에 의해 지은 죄 이상의 고통을 당했다. 그들은 양곡을 불법으로 취득해 간 사실도 그러하지만 붉은 세력과의 연계사실을 더 추궁당했다. 밤낮으로 고문당하는 비명과 고통에 의한 신음소리를 들으면서 면사무소 인근에 살던 우리는 죄가 없는데도 공포에 떨지 않을 수 없었다.

이후 아버지는 마을에서 몇 안 되는 정직하고 올바른 사람이라며 인정받게 되었는데 이때의 기억은 그로부터 반백년이 지난 오늘도 나에게 자긍심을 갖게 해 주고 있다.

만일 그날에 한 가마니 정도의 쌀을 받아 자녀들과 함께 굶주린 배를 채웠다손 치더라도 지금에 와서 우리에게 남아 있는 것이 무엇일까. 당신의 기일 추모 예배에서 고인의 행적과 유훈으로 무엇을 어떻게 소개를 했을까.

아버지로 인한 자존감으로 내 아이들에게도 거침없이 훈계할 수 있게 된 사실이 나는 자랑스럽다. 자녀들에게 물려주어야 할 그 무엇이 있다면 그것은 변질되고 퇴색하며 때로는 큰 화근과 수모의 원인이 될 수 있는 물질이기보다는 영원히 남아서 변하지 않는 정신적 유산이 되어야 한다는 것을 나는 늘 주장하고 있다.

이렇듯 옳고 그름을 판단하여 어려울 때라도 정직하고 성실한 생활 태도를 잊지 말 것을 성묘예배의 메시지로 전했다. 한참 성장기를 지나고 있는 우리 아이들은 삼복의 무더위도 잊은 채 진지한 눈빛으로 아멘으로 화답한다.

내려오는 산길, 8월의 태양이 눈부신 풀섶 사이를 앞서 내려가는 우리 아이들의 뒷모습을 바라보며 나는 아버지의 신앙적 양심이 후손들한테 좋은 영향으로 남아 있게 되기를 기도했다.

한줄기 산바람이 상쾌하게 스친다.

2000. 8.

어머니와 입학금

어머니는 종합병원에 입원하셨다. 가슴에 느껴지는 통증 때문이었는데 1차 의료기관인 집 근처 작은 의원의 소견에 따른 것이다. 일단 정밀검진을 받아보기 위해서 가벼운 마음으로 병원 문을 스스로 열고 걸어 들어가신 것이다.

병원 옷으로 갈아입고 침상에 누우셨는데도 환자 같지 않은 건강한 모습이었다. 다음날 오전에 검사실로 향하면서도 태연하시다. 앞일을 알지 못하기는 우리도 마찬가지여서 아무도 걱정스러운 눈치를 보이지 않았다.

그러나 그날 이후 여러 곳을 옮겨 다니며 힘겨운 검사를 받고는 피곤하다며 기운을 차리지 못하신다. 이삼 일이 지난 후 병원 복도에서 우연히 마주친 담당 과장에게 부담 없는 마음으로 병세를 물은 우리는 상상 외의 충격적인 결과를 듣게 되었다.

어머니는 젊어서부터 가끔 위장병으로 치료를 받으신 적이 있다. 이번에도 위염 정도의 증세를 짐작하던 우리의 안일함과 무관심은 치명적인 선고를 받고야만 것이다. "너무 많이 진행되셨어요. 앞으로 길면 3개월 정도쯤 될까요……." 그날 밤 어머니는 우리를 바라보시며 "암은 아니지?" 하신다. 기대를 저버릴 수 없어 그냥 노환이니 걱정하지 마시라는 말만 허무하게 되풀이해 드렸다.

그날부터 우리는 마음의 각오를 굳게 했다. 아내와 나 그리고 큰딸 아이가 교대로 병상의 어머니와 함께했다. 남은 검사를 받기 위해서 하루에도 몇 번씩 병동을 옮겨 다녔다. 바퀴 달린 의자에 앉아 힘겹게 차례를 기다리는 어머니의 회색빛 머리 위로 유리창을 통해 비치는 겨울 오후의 붉은 햇살이 처연하다.

눈치가 빠르고 정신이 맑은 어머니는 정확한 병세에 관해서는 다시 묻지 않으셨다. 통증이 멎었을 때는 밝은 표정으로 막내 손자의 대학 진학에 대한 걱정도 하신다. 때로는 운명에 대한 두려움을 잊으시려는 듯 가벼운 농담도 하시며 숱 많은 회색빛 머리를 손질하기도 하셨다.

입원하고 한 달쯤 지난 밤, 창문 밖에는 성탄절의 네온불빛이 반짝이고 있었다. 병실 TV에서는 캐럴이 조용하게 흐르고 마침 진통제 주사로 통증도 잠시 물러간 뒤였다.

어머니는 병상을 혼자 지키고 있는 내게 "두 아이 대학 공부시키느라 고생이 많지?"라고 하시며 내 손을 꼬옥 잡으신다. 아버지 일찍 돌아가셔서 여러 가지로 힘들었을 것이라며 나를 위로하신다. 그리고 막내손자 대학 입학금은 당신께서 벌써 준비해 놓았으니 아무 걱정 말라고 하신다.

그 말씀을 나는 유언으로 들었다. 그러나 준비한 입학금이 어디에 있는가에 대해서는 묻지 않았다. 희망을 가지고 병세가 호전되기를 기다릴지도 모를 어머니의 마음에 행여 낙심하는 마음을 품게 하는 것이 아닐까 싶어, "그럼 내년에 막내 입학금은 어머니가 책임져 줘요……" 하며 내년 이후의 삶까지 은연중 암시해 드렸다.

어머니의 병세는 심한 통증과 함께 날로 심각해지고 있었다. 마약성 진통제마저도 효과가 약해져 한 시간도 견디지 못하는 극심한 고통이 계속되었다. 그렇게 임종하시는 날까지 참기 힘든 시간들을 우리 가족 모두가 함께 보냈다. 그해를 넘기고 삼월 초, 멀리 남한강 물이 내려다보이는 언덕에 어머니를 묻어 드렸다.

산길을 내려오면서 우리 가족 모두는 회한의 눈물을 많이 흘렸다. 그러나 세월이 흘러가면서 일상에 묻힌 우리는 84세라는 적당한 연세에 적당한 기간을 누워 계시다가 돌아가신 것은 하나님의 축복이라고까지 믿게 되었다.

어머니 돌아가시고 1년이 지났다. 그런데 준비하셨다는 막내 녀석의 입학금은 어디에 있는 것인가. 그간 우리는 어머니의 장롱 속 이부자리 사이, 오래전에 입으시던 코트의 안주머니 등 은밀한 여러 곳을 뒤져 보았지만 아무 곳에서도 발견할 수가 없었다. 궁금하고 안타깝지만 영원히 찾을 수 없다 하더라도 그날 밤 어머니에게 다그쳐 묻지 않은 것에 대하여는 전혀 미련을 갖지 않기로 했다. 그리고 세월의 흐름으로 어머니가 준비하셨다는 입학금에 관한 사실마저도 점차 잊어가고 있었다.

수능고사 점수가 발표되고 대학에 응시원서를 제출했지만 아들 녀석은 올 입시에서 실패하고 말았다. 다음 해의 재도전을 아내와 상의하고 있는데 내 누님 되시는 아이의 고모가 오랜만에 찾아왔다. 어머니가 계시던 방을 들여다보며 이내 눈물을 감추지 못한다. 잠시 후 누님은 핸드백에서 무언가를 꺼내어 아내에게 건네주는 것이었다.

그것은 집 앞 새마을금고의 예금통장이었다. 작년에 어머니께서 입원하시기 전날 당신의 따님에게 이것을 맡기시며 막내 녀석 대학 입학하면 찾아주라고 하셨단다. 돌이켜보면 자신의 운명을 어느 정도는 짐작을 하셨던 듯싶어 더욱 애처로운 마음이 들었다.

그리 찾으려 애쓰던 것이라 반갑기도 하련만 우리는 한동안 아무 말도 할 수가 없었다. 그것은 근 십여 년 전부터 아주 조금씩 저축을 하신 것이다. 며칠 지나 만 원, 또 한참 지나 만 오천 원, 오천 원씩 두어 번, 이렇게 해서 아이가 초등학교를 졸업하기 전부터 입원하시기 수일 전까지 상당한 액수를 모으셨다.

이따금 적은 용돈이라도 드리면 소중히 받으시며 미안해하던 모습이 선명한데 그것을 이렇게 모으셨다가 가슴 저린 사랑으로 되돌려 주신 것이다. "넉넉히 드리지도 못했는데……" 아내가 촉촉한 음성으로 말끝을 흐린다.

그날 밤, 막내 녀석은 할머니가 준비하신 입학금에 대해서 이야기 듣고는 대입 전문학원에 속히 등록하겠다며 눈시울을 붉혔다. 아직도 우리 곁을 떠나지 않으신 어머니를 우리는 쉽지 않은 삶에 떠밀려 자꾸만 잊어가고 있다. 어머니가 준비하신 막내의 대학 입학금으로 아련한 그리움과 슬픔을 되새겼지만 그것은 우리의 삶에 힘을 주는 것이기도 했다.

고맙습니다. 어머니……

2000. 3.

윤우의 위험

생후 22개월 된 손자 윤우가 건강하게 커 가는 것이 참 감사하다. 연말을 보내고 새해를 맞으면 우리 나이로 세 살이 되는 셈이다. 요즈음은 말을 배우느라 TV 극 중 대사까지도 흉내를 내고 눈에 보이는 것마다 참견을 하기에 바쁘다. 그런데 잠시라도 눈을 떼면 위험한 일에 처할 수도 있을 것 같아 늘 불안스럽다. 아이 돌보기란 참 어려운 일이다. 가깝게 지내는 주변사람들이 손자를 돌보는 문제를 걱정해 주는 것도 그와 같은 이유에서다.

그날은 윤우를 혼자 놀도록 방치해서는 안 된다는 것을 통감한 날이었다. 하루 종일 할머니와 잘 지내다가 밤을 맞게 되었다. 주말이나 되어야 아이를 데리러 오던 딸과 사위가 주 중인데도 우리가 있는 집으로 퇴근을 해서 함께 밤 시간을 보내게 되었다. 아이는 눈치가 빨라서 자기를 사랑해 주는 어른들이 여럿 있다는 것에 흡족한 기분이 되어 잠자는 시간도 넘기고 있었다. 거실에서 어른들과 함께 있던 아이가 안방 건넌방 마음대로 뛰어다니며 즐거워하는 모습이 보기에 좋았다.

그러나 아이가 위험에 처하기 쉬울 때도 이즈음이다. 활력이 넘쳐나기 때문인가 걷는 것보다 뛰는 것을 더 좋아해서 언제 어느 곳으로 튈는지 향방을 예측하기란 개구리 뛰는 쪽을 알지 못하는 것과 다름 없다. 또한 호기심이 많아 보는 대로 만지고 누르고 잡아당기고 휘젓 기를 즐겨 하는 것도 이 무렵이다. 그 시간, 어른들도 긴장을 풀고 휴 식하는 시간이라 아이에게서 잠깐 눈을 떼었다. 할머니는 열 시 이후 에 시작하는 TV 드라마에 빠져 있고 나는 쓰다 둔 수필을 손본다며 컴퓨터에 매달려 있었다. 가족 모두가 아이 돌보기에서 잠시 눈을 돌 리게 된 것은 무언 중 서로가 서로를 의지하고 책무를 미룰 수 있었 기 때문이었을 것이다. 잠시 아이의 움직임이 눈에 들어오지 않는 것 에 일말의 불안감이 있었으나 뭐 어떠랴 싶었다. 잠시 조용한 시간이 흐른 바로 그때였다.

쨍그렁, 우직끈, 글자로 표현할 수 없는 굉음과 함께 유리 깨어지 는 소리와 무언가 떨어져서 부서지는 소리가 한밤의 고요를 흐트러 트렸다. 순간, 돌이킬 수 없는 어떤 큰일이 일어났구나 하는 절망과 공포가 거대한 파도처럼 덮쳐왔다. 뒤미처 들리는 아이의 자지러지는 울음소리가 날카롭게 심장 속을 파고들었다. 온 식구가 소리가 들려 온 방까지 단숨에 달려간 찰나적인 시간인데도 처참한 상상이 머릿 속을 어지럽혔다. 숨이 멎을 듯한 아이의 울음소리에 우리는 더욱 불 안했다. 과연 무슨 일이 어떻게 벌어진 것일까. 소리가 난 곳은 드레 스룸으로 쓰고 있는 작은방이었다.

그 방 안은 많은 옷가지들이 걸려 있다. 선반 위에는 평소에 잘 사 용하지 않는 잡동사니들과 전신을 비춰 볼 수 있는 기다란 거울이 놓 여 있다. 물론 움직이지 않도록 못을 단단히 박고 철사 줄로 동여매 어 안전했었는데 어쩌다가 철사 줄이 풀렸나 보다. 끔찍스러운 광경 이 눈앞에 펼쳐져 있었다. 세워져 있던 거울이 방바닥으로 엎어지면서 수천 조각으로 박살이 나 있었고 그 가운데 아이는 새파랗게 질린 채 쓰러져 울고 있는 것이다. 아이가 거울을 잡아당겼을 것이고 유리는 아이를 덮치면서 깨졌을 것이다.

울고 있는 아이를 조심스럽게 안아 안전한 곳으로 옮겼다. 노출된 맨 살갗을 샅샅이 살펴보는데 다친 곳이 보이지 않는 것이 오히려 이상했다. 오직 발등 위에 작은 상처가 있어 약간의 피가 흐르고 있을 뿐 어느 한 군데도 상한 곳이 보이지 않았다. 속수무책의 위험 가운데서도 기적 같은 사실이 일어났다는 것을 알게 되었다. 당연히 온몸이 피투성이가 되었거나 더 큰 상처로 손쓰기 어려울 만큼의 위급한 일이 벌어질 만한 상황이었다. 그러나 아이는 발등의 작은 상처 외에는 아무런 이상이 없이 그 날카롭게 깨어진 유리조각 속에서 무사히 놓여나게 되었다. 내복만 입은 아이의 그 작은 몸뚱이 위로 쏟아져 내린 깨어진 유리의 파편들은 아이를 용케도 비켜서 흩어졌다. 혹 발등을 파고들어간 유리가루라도 남아 있지 않을까 하는 염려가 있어 다음 날 이른 시각 병원에서 확인했으나 아무렇지도 않기도 했지만 그때는 이미 작은 상처까지도 아문 뒤였다. 모두가 하늘이 도왔다며 가슴을 쓸어내렸다.

세상 이치는 아는 것보다 모르는 것이 더 많을 수도 있다. 또한 보이는 곳보다는 보이지 않는 세상이 더 넓을 수도 있다. 윤우가 무사할 수 있었던 것은 우리가 쉽게 알 수 없는 어떤 불가사의한 힘에 의한 도움이 있어서가 아닐까. 사람은 평생을 살아가면서 무엇인가 이루기 위하여 노력하는 과정이 중요하지만 보이지 않는 어떤 힘의 도움이 있어야 목표에 도달할 수 있다는 것을 나는 믿는다. 무엇을 이루기 위해서 우리는 어떻게 해야 하는 것은 당연하지만 "하는 것"보다 더 중요한 것은 "되어지는 것"이라고 본다. '되어진다는 것'은 보이지 않는 절대 힘에 의한 것이 아니고 무엇일까.

솔로몬은 잠언 말씀을 통해서 우리에게 일러주고 있다. "사람이 마음으로 자기의 길을 계획할지라도 그 걸음을 인도하는 자는 여호와시니라." 구약성서 잠언 16장 9절의 내용이다. 보이지 않는 힘이란 바로 여호와의 능력을 일컬음이 아닌가. 그날 밤에 놀란 것은 우리 모두였지만 그중에서도 가장 간담이 서늘했던 이는 아마도 아이의 부모인 딸 내외였을 것이다.

"그 위험한 가운데서도 아이가 무사했던 것은 누구의 도움이라고 생각하니?" 내가 하려는 말의 의미를 눈치로 이미 알아차렸을 딸아이와 사위는 아무런 대답도 하지 못했다. 그러나 평소에 내가 권면하던 말을 기억했다면 자신의 신앙자세를 다시 한번 깨닫는 동기가 되었을 것이다. 피곤하다는 이유로 주일 예배에 빠져가면서 모자라는 수면을 보충하는 기회로 삼았던 사실을 되돌아보았을 것이다.

그날의 엄청난 일을 기억하지 못하는 아이는 오늘도 참새처럼 지저귀며 토끼처럼 뛰논다. 아래층 사람이 시끄럽다며 뛰어 올라올 것 같다.

2010. 5.

하얀 할머니

　우리가 살고 있는 빌라 위층에 한 가정이 새로 이사 왔다. 그 댁은 중년의 아들 내외와 손자 둘, 할머니까지 다섯이 한 가족이다. 할머니는 자그마한 체구에 머리가 하얗게 세어 하얀 할머니라고 불렀다. 그 댁 역시 우리처럼 직장으로 학교로 모두 나가면 낮에는 할머니 혼자서 집을 지키신다. 언제나 용모가 단정하고 말씀도 없는 편이라 그분의 지적 수준이나 교양이 보통이 아니신 것 같아 늘 어려워하는 마음으로 지냈다.

　어느 날 아침나절이었다. 바쁜 일이 없는 날이라 늦게 출근준비를 하고 있는데 현관문 두드리는 소리가 들렸다. 내다보니 그 할머니가 우리 집을 노크하신다. 우리도 팔십이 넘으신 노모를 모시고 살기 때문에 어머니 친구 삼아 잘됐다 싶어 반갑게 맞이해 안으로 모셨다.

　"안녕하세요?" "어서 들어오세요." 두 노인께서 이런 인사를 나누고 여러 가지 이야기를 주고받으신다. 그런데 곁에서 잠시 들으니 할머니 말씀에 일관성이 없다. 이 집으로 이사 오기 전에 살던 시골집 이야기를 하다 말고 6·25 때 피란살이 때의 고생을 말하는가 하면 오늘 아침 큰손자 녀석 늦잠 잔 이야기를 꺼내는 것이다. 젊어서 할아버지 바람피우던 이야기를 하는가 싶었는데 비가 오려나 하면서 창밖의 푸른 하늘을 쳐다보신다.

그렇지만 친구 삼아 어머니와 많은 이야기를 나누고 싶은 것이라 생각했다. 그런데 이야기 상대를 잘하던 어머니도 조금 이상한 눈치를 느끼곤 노인의 거동을 유심히 살피신다. 잠시 후 할머니는 그만 올라가봐야겠다며 일어나서 현관문을 나서다가 대충 짐작되는 행동을 하신다. 신발장 옆의 큰 거울에 비친 할머니 자신의 모습을 보며 한심하다는 표정으로 혀를 차는 것이다. "이 할머니는 여기까지 나를 따라왔군요. 그만 집으로 돌아가요……"라며 큰소리로 꾸짖는 것이다. 첨엔 누구 또 다른 사람이 밖에 있는 것으로 알았는데 할머니는 분명 거울 속의 자신에게 말하고 있었다.

그랬구나, 할머니는 치매에 걸리셨구나. 어쩌면 암보다 더 무섭다는데 치매로 정신을 놓으셨구나. 정갈하고 조용하신 분으로 알았는데…… 순간 측은한 마음이 들었다. "글쎄 이 할머니는 하루 종일 나만 이렇게 졸졸 따라다니는군요" 하면서 거울 속의 자신을 또 나무라신다. 우리는 무어라 대답할 수도 없고 웃을 수는 더욱 없었다.

그 후에도 할머니는 이따금씩 우리 집 문을 두드리셨다. 나가 보면 "이 댁 할머니 계세요?" 하고 놀러왔다며 집 안으로 들어오는 것이었다. 그러고는 그 두서없는 이야기를 재미있다는 듯이 나누다가 돌아가시곤 했다. 그러다 어떤 때는 당신 집으로 착각하고 우리 집을 찾아드는 경우도 종종 있었다.

하루는 퇴근길에 그 할머니의 아들 내외분을 골목 안에서 만났다. 며느리 되는 중년 여인이 먼저 내게 인사를 했다. "저희 어머니 선생님 댁에 자주 가시죠? 얼마 전부터 치매기가 있으셔서 그러니 이해해 주세요." 그러면서 아직은 그리 심한 편은 아니기 때문에 식사 준비나 그

외에 간단한 집안일은 무리 없이 처리하신다며 내게 양해를 구했다.

무엇이라도 도움 드리지 못함이 미안할 뿐 양해할 일이 무엇 있겠는가. 할머니는 젊은 시절부터 자상하고 예절 바르신 분이었다고 했다. 고향인 시골마을에서는 좋은 이웃이었고 자식들에게는 현명한 어머니로서 존경을 받았는데 노년에 이르러 이렇게 되셨다며 안타까워했다. 마음 한구석이 저려오면서 그들의 아픔이 이해가 되었다. 우리도 노모를 모시고 살기 때문에 공감할 수 있는 일인 데다가 별다른 치료방법이 없어 그렇게 살다가 가실 수밖에 없는 처지가 너무나도 애처롭게 생각되었기 때문이다.

할머니가 오랫동안 오시지 않으면 궁금하기도 하고 안부가 걱정되기도 했다. 그러다가 집 앞 골목길에서든지 혹은 위층으로 올라가는 뒷모습이라도 만나게 되면 반가운 마음에, "할머니 안녕하셨어요?" 하고 큰 소리로 인사를 했다. 그러나 알아보고 반가워할 때도 있지만 어느 때는 "댁은 뉘시유?" 하면서 무안을 주기도 했다.

기쁜 일보다는 근심스러운 일이 더 많은 곤고한 날들이었는데도 빠른 것은 세월뿐인가. 봄, 여름이 지났다. 골목길을 지키고 서 있는 은행나무 가지에 노란 잎들이 흩날리는 깊은 가을날 오후에 정말로 오래간만에 하얀 할머니가 우리 집 문을 두드리셨다. 열어 드리니 그 가볍고 자그마한 체구의 노인은 안으로 들어오며 "이 댁 할머니 계세요?" 했다. 우리는 얼른 대답을 못하고 잠시 망설였다. 사실대로 말씀드리면 이해하실까?

지난 삼월 초, 어머니는 돌아가셨다. 그 후 여러 달이 흘렀는데 이제야 당신의 친구 되었던 우리 어머니를 만나러 온 것이다. "예, 저희 어머니는 멀리 따님 댁에 가셨어요." 옆에 있던 아내가 얼른 대답하니 할머니는 알았다며 이내 되돌아 나가셨다.

어머니 생전에 우리가 잘못했던 일, 함께 기뻐하며 즐거워하던 일, 병원에서 임종을 앞둔 고통 속에서도 찬송하며 기도하시던 일들을 생각하면 아직도 가슴이 메어지는데…… 그래, 정말로 멀리 있는 딸네 집에 다니러 가 계신 것으로 생각하면 좀 위로가 될 듯하다. 생전에 극진히도 사랑하고 사랑받으시던 따님이 둘씩이나 하늘나라에 가 있으니까.

하얀 할머니를 오늘 뵙고서 돌아가신 어머니가 또다시 그리워 되돌아 나가는 할머니의 뒷모습을 쓸쓸한 마음으로 바라봤다. 내가 하지 못해서 지금 후회하고 있는 일들을 할머니의 아들 내외분은 알고 있을까. 효도의 때는 물처럼 덧없이 흘러가더라는 것과 아직 생존해 계시는 어머니를 모시고 살 수 있다는 사실 하나가 얼마나 감사한 일이라는 것을…….

1999. 10.

남은 인생길도 함께 걷자

　모처럼 네게 편지를 쓰려 하니 감회가 새롭다. 우리가 서로에게 편지를 통해 안부를 주고받던 시절을 보내고 실로 얼마 만인가. 지난 60년대 중반, 너는 이미 해군에서 제대를 하고 내가 강원도 백암산 골짜기에서 군 복무를 할 때였으니 반세기가 가까워 오고 있다. 고단한 군 생활 가운데서도 느끼고 경험한 작은 일들을 네게 보고서처럼 알리고 나면 너는 마치 정해놓은 철칙처럼 정확한 날짜에 답장을 보내 주었지.

　그해 4월이 시작되던 어느 날이었어. 중동부전선 철책선 작업장 야전 행정반에 앉아 병력일보를 작성하는 일에 싫증을 느껴 잔인한 사월이라며 푸념을 날린 적이 있었지. 그다음 주간에 너로부터 시정 넘치는 답장을 받은 것이 기억난다. 집 뒤뜰에 활짝 핀 목련꽃 그늘 아래서 편지를 쓴다며 릴케의 시구 같은 답신의 내용은 편지라기보다 한 편의 서정시로 내 고단함을 씻어 주었지.

　나는 너의 겸허하고 진솔한 삶의 거울에 내 자신을 비추어 볼 때가 있다. 내면에 일렁이는 물결을 겉으로 나타내지 않아 언제나 과묵한 모습으로 살아가는 너를 대할 때마다 세상의 물결에 요동하는 조각배 같은 나를 되돌아보며 자신을 성찰하기도 한단다. 또다시 가을은 깊어 우리의 생애도 어느덧 황혼으로 접어들었고 고적한 계절을 맞아 사색이라도 하듯 너와 함께했던 생애를 회상해 보려 한다.

네가 나에게 베풀고 있는 따뜻한 사랑을 나는 평생 잊지 못하며 살아간다. 경제적으로 도움이 필요했던 지난 한때 서슴없이 거금을 내어 주면서 아무런 조건이나 주문도 하지 않던 나에 대한 너의 신뢰를 어떠한 방법으로 보답할까. 너의 자금으로 시작한 사업체를 일구어 처음으로 이득금을 손에 쥐었을 때 제일 먼저 달려가 네게서 받은 사랑을 봉투 속에 담아 내밀었을 때에 너는 마치 준비해 두었던 대답을 하듯 "다시 받으려고 준 거 아니야. 필요하면 걱정 말고 다른 데 써"라고 말했지. 그 시절 너 역시 그리 넉넉한 살림을 하고 있을 때가 아니었다는 사실을 내가 모를 리가 있었겠니? 이런 친구가 있어 나는 앞으로 어떤 늪에 빠진다 해도 반드시 헤어나야 한다는 사명감을 갖게 되었단다. 그것이 너를 실망시키지 않는 길이라는 것을 알기 때문이야.

아들딸 구별 말고 둘만 낳아 잘 기르자는 가족계획의 구호가 국시처럼 세상을 흔들어 댈 때 우리는 결혼을 하고 아이를 갖기 시작했지. 나도 그러하지만 너 역시 한 가문의 외아들로 살아왔기에 우리 슬하에 필히 아들이 있어야 한다는 어떤 강박관념에 짓눌리고 있을 때였다. 多産이 미덕이 된 지금 생각하면 아득한 옛 전설이 되고 말았지만 구별 말고 둘만 낳아 잘 키우자는 나라의 시책을 우리는 함께 위반했지 않니. 너의 삶을 유추해 보건대 아마도 네가 정부의 방침을 지키지 않은 사건은 가족계획에서 세 명의 아이를 낳은 것이 처음이자 마지막이 되었을 것이다.

너는 세 딸의 아비가 되었고 나는 두 딸과 한 아들의 아비가 되었다. 내가 세 번째로 시도했던 아이 낳기 작전에서 드디어 아들을 얻고 그 아이가 첫돌이 되어 수수팥떡을 돌리던 날, 너의 부부가 맨 먼저 달려와 축하를 해주었지. 이 자리에서 혼잣말처럼 했던 너희 가족의 숨김없는 속마음을 나는 연민의 목소리로 들었단다. "정말 부럽다……"라던 그 한마디 속에 많은 의미가 들어 있다는 것을 낸들 왜 몰랐겠니. 그것은 축하받는 우리의 마음을 아프게 하기도 했고 미안하게도 했단다. 그 후로 삼십 년이 지난 지금은 너의 세 딸들로 인한 행복이 그때의 네 마음을 보상해 주고 있다고 생각한다. 그렇지?

내 집의 경사보다는 궂은일에 더욱 앞장서 왔던 너의 우정이 어느 형제애만 못할까. 연전에 작고하신 내 어머니는 너를 대할 때마다 아들의 친구가 아닌 자식으로 대했던 것도 너의 가식 없는 편안한 행동과 혈육의 정만큼 따뜻한 너의 속내로 인함이었을 것이야. 그런 가운데서도 삶이 지루해져 새로운 그 무엇을 찾고 싶을 때에 일상탈출로 맛보았던 달콤한 기억들은 우리 둘만의 영원한 비밀로 남겨두기로 하자.

언제 어느 시간에라도 거침없이 방문해도 반갑게 맞아주는 친구, 망중한을 이용한 우리 부부의 여행길에 동행해 주던 날, 두 가족이 같은 방을 사용해도 어색하거나 불편하지 않아 밤새 이야기꽃을 피울 수 있었던 친구, 좋은 친구 하나만 있어도 성공한 인생이라 한다면 나는 분명 성공한 삶을 살았노라고 자신 있게 말할 수 있을 것이야. 귀하게 기른 딸의 혼사가 정해졌을 때 기쁜 소식이라며 제일 먼저 알리던 너의 마음 씀씀이를 받을 만한 나는 너에게 과연 가치 있는 친구일까.

작년 가을인가 너희 부부와 동석한 가운데 반주를 곁들인 저녁식사를 한 적이 있었지. 우리의 주량인 소주 반병씩으로는 좀 아쉬운 감이 있다며 한 병을 더 주문해서 두 가족이 나누어 마시던 날, 내게 들려준 너희들의 말을 나는 평생 잊지 않을 것이다. "우리 이이는 서대화 씨를 간(肝)이라도 내줄 만큼 좋아하는 거 아시지요?" 이 말 한마디에 내 속은 이미 봄눈처럼 다 녹아 버렸는데 너의 확고한 표현에 더욱 감동을 받았단다. "그렇고말고, 만약에 그러한 일이 생긴다면 장기 하나쯤 떼어 줄 수 있지……."

너의 평소 생활철학과 나에 대한 우정의 깊이를 알고 있는 나는 그것이 술 마신 기분의 일시적 충동이거나 가볍게 던지는 농담이 아니라는 것을 믿는다. 아직도 가슴을 울리고 있는 그 한마디는 내가 이 세상을 떠나는 날까지 힘이 되고 용기가 되고 선하게 살아가야 할 이유가 될 것이다.

'친구란 또 다른 내 자신이다'라는 아리스토텔레스의 말을 인용하자면 내가 또 다른 너 자신일 수가 있을까. 그러나 내게는 영원히 자신 없는 미제가 될 것 같다. 다만 내세(來世)가 있어 우리가 또다시 태어난다면 나는 네 곁을 평생 떠나지 않는 친구로 또한 동지로 교우하게 될 것을 믿고 또 바랄 뿐이다. 거의 한평생을 함께하면서 너와의 잊을 수 없는 추억이 어디 이것뿐이랴. 또 다른 기회가 있을 때 서로의 가슴을 활짝 열기로 하고 오늘은 여기서 접는다. 남은 인생길도 함께 걷자.

2010. 8.

밤꽃 향기 달콤한 새벽

　　그날 새벽 해뜨기 전이었다. 잠에서 막 깨어나 밖으로 나왔으니까 여섯시가 채 안 된 시간이었을 것이다. 팔을 벌려 심호흡을 하는데 울타리 아랫부분에서 뭔가 움직이는 모습이 보였다. 가까이 가보니 때깔 좋은 장끼 한 마리가 철망으로 된 울타리와 장미 넝쿨 사이에 걸려서 날개를 퍼덕이고 있었다. 곧 날아갈 것 같은 자세라 가만히 행동을 보고 있는데 이 녀석은 울타리 쪽으로만 날갯짓을 하니 빠져나갈 수가 없다. 한동안 그러다가 숨을 고르는지 조용하다.

　　순간 저놈을 잡아야겠다는 욕심이 슬며시 생겼다. 꿩 먹고 알 먹는다더니 새벽부터 나에게 이 웬 횡재일까. 가까이 다가서니 이번에도 장미 넝쿨에 날개가 걸려 땅에 처박히고 만다. 내 손으로도 잡을 수 있을 것 같아 이놈을 향해서 몸을 던졌다. 달아나려 애쓰는 놈을 대담하게 달려들어 결국 붙잡았다.

　　오죽 온전치 못했으면 내 손에 잡혔을까. 죽지를 휘어잡고 자세히 살펴봐도 날개가 잘못된 기형은 아니다. 공중을 날 때만큼 땅을 기어가는 속도가 빠른 두 다리를 가졌어도 가시넝쿨이 앞을 가리는 상황에서는 어찌할 수가 없었을 것이다. 두 눈 언저리에 빨간색 무늬와 적록색의 목띠가 매우 선명한 걸로 봐서 건강상태도 좋아 보였다. 이른 새벽에 무엇을 구하러 왔다가 내 손에 걸려들었을까.

이 녀석의 목숨은 절대적으로 내 손에 달렸다. 흔하게 대할 수 없는 꿩고기를 드디어 오늘 먹어 보게 되었다. 휘어잡은 팔뚝으로 전해오는 무게로 봐도 장닭 한 마리의 중량쯤 된다. 이 정도라면 아들, 딸, 사위까지 불러도 별미를 맛보기에는 충분할 것 같다.

꿩은 예전부터 건강 보양식으로 많은 사랑을 받아온 날짐승이다. 꿩고기는 인체가 스스로 만들지 못하는 여덟 종의 필수 아미노산을 골고루 가지고 있는 이상적인 단백질 식품이라고 한다. 또한 오메가쓰리라는 지방산이 있어 콜레스테롤을 녹여 피를 맑게 해 주고 피부노화를 방지하는 데 효과가 있다는 글을 언젠가 읽은 적이 있다. 특히 출산 휴가 중인 딸아이와 점점 노쇠해 가는 내게 효과가 있을 것 같다는 생각을 하니 정말 횡재라도 한 기분이 들었다.

마침내 해가 뜨고 붉은 햇살을 받은 꿩의 몸체가 화려하게 빛난다. 짙은 황금색으로 치장한 날개와 날렵한 꼬리의 무늬가 신비롭다. 대낮에도 골짜기가 울리도록 큰소리로 호령하는 기상과 땅을 박차고 오를 때 산길 걷는 나를 깜짝 놀라게 하던 장끼 한 마리가 내 손에 잡힌 채 운명의 시간을 기다리고 있다.

숲 속은 이른 시간인데도 새들의 지저귐으로 분주한 아침을 맞는다. 밤새 울어대는 소쩍새 소리가 그칠 무렵이면 휘파람새의 노래가 시작되고 화음이라도 맞추듯 뻐꾸기와의 이중창이 청아하다. 멀리서 혹은 가까이에서 어울리는 새소리와 바람 소리 사이에 오늘은 평소에 듣지 못하던 또 다른 소리가 들린다. 제 짝을 부르는 산비둘기 소리 같기도 하고 암탉이 병아리를 부르는 소리 같기도 한데 그보다는 낮고 음울한 저 소리는 무엇인가. 서양에서는 새가 노래한다고 표현한다지만 저 소리는 분명히 애절한 사연이 있는 울음소리다.

귀 기울여 듣다가 언뜻 가슴을 울리는 깨달음에 도달한다. 그것은 분명히 암꿩 까투리 한 마리가 돌아오지 않는 제 짝을 찾는 소리다. 산란을 하고 알을 품어 새끼를 생산하고 있던 아내가 이른 새벽시간에 먹이라도 구하러 나간 채 돌아오지 않는 남편을 부르는 울부짖음이다. 제 아내의 절규를 들으며 내 손아귀에서 풀려날 수 없는 녀석의 공포와 절망감은 어떠하랴. 꿩은 한번 맺은 부부의 연을 평생토록 이어가는 금실 좋은 새라고 하지 않던가. 까투리의 무겁고도 애절한 울음소리를 들으며 꿩고기를 먹겠다던 내 욕심은 서서히 풀어지고 있었다.

밤이면 몰래 내려와 뿌리도 채 내리지 못한 고구마밭을 휘젓고 사라지는 산돼지 가족과 고라니, 한낮에도 내 곁으로 다가오는 의심 없는 다람쥐의 귀여운 모습, 새소리 물소리 바람소리와 돌 틈새에 따리를 틀고 앉아 노는 독사 한 마리까지도 자연스러운 생태계의 흐름이다. 야생동물을 포획하는 행위를 금지하는 현행법이 아니더라도 이들과 산중에 함께 살아가면서 이 녀석을 해친다는 것은 야생의 질서를 훼방하는 것이다. 그리고 대자연의 섭리를 거슬리는 교란행위에 속하는 일이기도 하다. 밤새 울던 소쩍새의 슬픈 사연과 숲속에 내리는 밤비 소리까지도 함께 어우러진 산의 기품(氣稟)이 인간에게 주는 정신적 여유를 하찮은 꿩고기 몇 점의 식탐으로 저버려서야 되겠는가.

두려움에 떨고 있는 동그란 눈망울이 나를 혼란스럽게 만든다. 다시금 숲으로 돌아가 우리 곁에서 자연의 한 부분이 되어 활기차게 살아가는 것이 한 점 꿩고기의 효능보다는 훨씬 유익할 것이라는 생각을 하게 되었다. 날갯죽지를 감아쥐고 있던 손아귀에 힘을 풀었다. 그리고 숲을 향해 힘껏 던졌다. 짝을 찾는 아내를 향해 날아가는 힘찬 날갯짓을 보며 잠시 갈등하던 내 자신이 먼저 자유로움을 얻게 되었다.

숲속에서 불어오는 미풍에 밤꽃 향기가 달콤하게 번져 왔다.

* 한참 뒤에 알게 된 사실이나 꿩의 습성 중 하나는 암수가 늘 함께 다닌다는 것이다.

이날 남편을 기다리는 아내의 울음일 것이라는 내 상상이 틀림없었다는 확신을 갖게 되었다.

2008. 6.

진돌이의 귀향

진돌이는 작년 여름에 이곳으로 왔다. 삶의 터전을 산으로 옮겨와 단조로운 생활을 즐길 무렵이었다. 도시에서 복잡한 사회적 관계성을 떠난 자유로움도 며칠이 지나자 산중의 고적함이 무료했다. 나뭇잎을 흔들고 지나가는 밤바람은 정체 모를 두려움이 되어 나를 짓누르기도 했고 여름철새의 울음소리에 한밤을 지새우던 때였다. 동무 삼아 개라도 한 마리 먹였으면 했는데 춘천 사는 누이가 다 자란 진돌이라는 이름의 진돗개를 보내준 것이다.

진돌이와 동거하고 처음 며칠 밤은 거의 뜬눈으로 보냈다. 녀석은 줄기찬 목청으로 밤새껏 짖어댔다. 먹다 남은 고깃덩어리를 가지고 달래보기도 하고 혹 가볍게 쥐어박아 보기도 했지만 좀처럼 떠나온 제 고향과 전 주인에 대한 미련을 버리지 않는다. 사흘이 지나서야 놈은 주는 음식을 받아먹으며 진정을 하기에 이르렀다.

그날부터 목에 걸린 쇠줄을 잡고 산책길에 나섰다. 그러나 워낙 힘이 좋아 앞서가는 녀석의 뒤로 끌려가기도 부친다. 놈은 진도견 혈통의 순종이라는데 붉은 기가 감도는 기름진 털과 좌측으로 말려 올라간 풍성한 모량(毛量)의 꼬리하며 위쪽으로 치붙은 눈매가 꽤 용맹스러워 보였다. 산책 시간 외엔 종일 제 집 앞 말뚝에 매어두고 지날 때마다 먹이도 주고 쓰다듬기도 하면서 정붙이기를 시작했다.

놈을 놓아먹이려 하나 다시 돌아온다는 보장이 없어 늘 매어 놓았다. 석 달 남짓 그렇게 보내고서야 녀석은 나를 제 주인으로 알고 꼬리를 치며 반긴다. 다소 안심이 되어 목줄을 풀었다. 역시 진돌이는 멀리 달아나지 않는다. 간혹 눈에 보이지 않아 제 이름을 크게 부르면 어디선가 바람같이 내 앞에 나타난다. 역시 혈통은 무시할 게 아닌 듯싶었다. 그러나 놈을 믿고 사슬을 풀어준 것은 나의 오산이었다.

그 무렵 아랫마을 주민이 기르던 진돗개 한 마리가 사라졌다. 며칠 후 야생동물을 잡기 위해서 누군가 산에 매설해 놓은 올무에 걸려 숨겨 있는 것이 발견되었다. 더럭 걱정이 되는 것이 눈 덮인 산속에서 뛰어노는 진돌이도 그렇게 되지 않는다는 보장이 없기 때문이다. 이대로 두어서는 안 되겠다 싶어 다시 매어두기로 하고 진돌이를 불렀다. 그러나 의중을 눈치 챈 놈은 내 곁으로 가까이 다가오지 않았다.

손이 닿지 않을 만한 거리에서 더 이상 접근치 않아 도저히 잡을 수가 없었다. 먹이를 가지고 달래도 보고 온갖 부드러운 목소리로 꾀어 봐도 소용이 없었다. 한 발 다가가면 두 발 이상 멀어지며 내 신경을 돋우는 것이었다. 은근히 부아도 나고 개한테 끌려 다니고 있는 꼴이 자존심도 상하는 것이 영 마뜩찮았다. 저를 보호하려고 매어 놓으려는 의도를 어떻게 하면 이해시킬까.

이때부터 개와 인간의 머리싸움이 시작되었다. 좀 잔인한 방법을 쓰기로 했다. 그 후 3일간 먹이를 끊었다. 밤낮으로 헤매어도 이 산중에서 네 힘으로는 먹는 문제를 해결하지 못할 것이다. '그래 해보자.' 놈이 드나드는 제 집 입구에 가느다란 밧줄로 올가미를 설치했다. 그리곤 먹음직한 고깃덩어리를 안에 놓아두었다. 멀리서 올무의 끝자락을 잡고 기다리니 녀석은 무심코 제 집 안으로 상체를 넣어 먹이를 탐한다. 이때 밧줄의 끝을 당기니 놈은 저항도 못하고 딸려온다. 그러면 그렇지 제까짓 개 주제에…… 승리의 노래라도 부르고 싶었다.

봄이 되어 어린이들이 이곳으로 나들이를 오게 되었다. 그런데 어쩌다가 놈을 또 놓쳤다. 모양이 사납게 생겼으니 아이들이 무서워한다. 또 녀석이 공격을 할는지도 모르니 불안하다. 이놈을 속히 붙잡아 매어야 한다. 그러나 편한 마음으로 먼젓번의 방법을 다시 시도한 내 두뇌는 놈만 못한 것이었다. 올가미 줄이 감추어진 제 집 입구에 녀석은 얼씬도 하지 않는다. 먼젓번에 제가 잡히던 기억을 잊지 않고 멀찌감치서 오히려 나를 감시하고 앉아 있다. 이번에는 무슨 방법으로 잡아맬까. 궁리를 해도 시원한 해결책이 없다.

가스총을 생각한 것은 좀 지나친 듯싶었지만 다른 방법이 없다. 가스총을 가지고 있다는 아랫마을 지인에게 잠깐 빌리기로 했다. 이것만 제대로 맞으면 놈은 그 자리에 쓰러질 것이다. 노상강도나 치한을 만난 여성이 이것으로 위기를 넘긴다고들 하지 않던가.

호시탐탐하던 내게 마침내 기회가 왔다. 진돌이 놈을 막다른 골목에서 만난 것이다. 기세 좋게 안전핀을 뽑고 방아쇠를 당겼다. 그러나 위기에서 벗어나는 진돌이의 능력은 대단했다. 내 머리 위로 한 자 반이나 높게 날아서 번개처럼 도망치는 것이 아닌가. 그런데 더욱 낭패인 것은 이 가스총은 마취용이 아니고 최루가스였다. 골목 가득히 연기가 자욱했고 나는 그 매운 가스를 온몸으로 맞았다. 재채기와 눈물 콧물이 범벅이 되고 목구멍은 찢기는 듯 아렸다. 이번에는 내가 완전히 당하고 말았다. 개와의 두뇌 싸움에서 일승일패의 전적을 기록한 셈이다.

그 여름과 가을이 가기까지 놈은 잡히지 않았다. 내 힘으로는 다시 잡아맬 수가 없는 것이니 이젠 자존심 버리고 협상을 하기에 이르렀다. 멀리 떨어진 곳에 앉아 내 속까지 꿰뚫고 있는 듯한 놈에게 조용하고 진지한 표정으로 말했다 "진돌아, 다시는 널 묶지 않을 테니까 가까이 와라." 허공으로 퍼져 나간 것 같은 내 제안은 그러나 정확하게 진돌이의 이성을 움직였다.

그 후로 진돌이는 거짓말처럼 내 곁으로 접근했다. 처음엔 눈치를 보아 가며 조금씩 다가오더니 며칠 후엔 팔을 뻗으면 닿을 만한 곳에서도 긴장을 푸는 모습이다. 비록 동물과의 약속이어도 충실히 지켜주고 싶었다.

그러나 몇 날이 지나서 진돌이와의 약속을 내가 먼저 깨고 말았다. 놈을 제 고향으로 돌려보내기로 작정한 것이다. 더 이상 정을 주어도 마음을 열고 내게 다가오지 않을 것이기도 했지만 때때로 제가 떠나온 고향 쪽 하늘을 하염없는 눈빛으로 바라보는 모습이 인간적인 연민을 느끼게 했기 때문이었다.

안심하고 내게 가까이 다가온 놈을 잽싸게 휘어잡았다. 그리고 굵은 쇠줄을 목에 걸었다. 저를 위한 배려인 것을 알았으면 좋으련만 놈은 약속을 먼저 어긴 인간의 간교함과 부도덕성을 비웃고 있을 것이다.

자동차 트렁크의 어두움 속에 실려 어디론가 떠난다는 생각으로 망연해하고 있을 진돌이는 여기 산마을에서 점점 멀어져 가고 있었다.

2002. 12.

외딴집 박씨 어르신

집으로 올라오는 길가 외딴집은 비어 있는 듯 늘 조용했다. 길에서 들여다보이는 닭장에 서너 마리의 닭이 모이를 헤집고 있지만 않았어도 사람이 살지 않는 빈집으로 알았을 것이다.

그런데 자주 지나치다 보니 칠이 벗겨진 대문 틈 사이로 다리 짧은 강아지 두 마리가 낯선 나를 향해 짖기도 했다.

그 댁이 궁금하기도 하고 새로 이사와 인사라도 나눌 겸 대문을 두드렸다. 잠시 있다가 낮은 처마에 머리가 닿을까 허리를 약간 구부리신 어른이 나온다.

"어떻게 오시었소?" "예, 저 위에 새로 이사 온 사람인데 인사드리려고 왔습니다." "그러지 않아도 어느 분이 이사 왔나 궁금했는데 반갑쉐다." 이렇게 해서 박 씨 어르신과의 만남이 이루어졌다. 심하지 않은 평안도식 억양에 정감이 갔다. 작년 여름의 끝자락, 미루나무 위에서 말매미가 한껏 목청을 돋우던 때의 일이었다.

입추와 말복이 지나 절기로 보아 분명한 가을인데도 대낮의 햇살이 따가웠다. 처음 뵈었지만 어색하지 않은 분위기가 자연스러웠다. 대문밖 작은 느티나무 그늘에 있는 평상에 앉아 나누는 이야기는 간간이 이어졌다. 마을사람들의 순박한 성품과 지금껏 살아온 과거에 관한 이야기를 주로 들으면서 퍽 바르게 사신 분이라는 인상을 받았다.

햇빛에 그을지 않은 피부가 연세에 비해서 젊고 순수해 보였다. 십여 년 전에 도시의 집을 정리하고 이곳으로 내려와 여생을 보내고 있는데 석 달 전에 아내가 먼 곳으로 떠났다며 공허한 표정이다. 자녀들과 함께 사는 것이 좋지 않으신가 물으니 이내 손을 저으신다. 하긴 살아보니 누구의 간섭을 받거나 신세를 끼치지 않는 독신의 생활도 홀가분한 것이 괜찮은 삶의 방식인 듯싶다.

일주일에 한 번 혹은 서너 주일에 두어 번씩 만나 지나온 이야기를 나누는 동안 가을도 깊었다. 이분은 평양고보를 졸업하고 남포제련공장에 근무 중에 해방을 맞았다. 정황이 아무래도 심상치 않아 이듬해 가족들과 월남해서 서울에 정착했다는 것이다. 그 후에 공직에 몸담아 퇴직할 때까지 성실하게 살아온 모범적인 가장이었다. 1남 3녀의 자식들은 해외에서 혹은 도시에서 성공한 삶을 살고 있다고 한다.

아내가 나 있는 데로 온 주말 오후에 텃밭에서 늙은 호박 하나를 따왔다. 껍질을 벗기고 배를 갈라 통통하게 살이 오른 씨앗을 모두 빼어내고 찹쌀 새알심까지 띄워 호박죽을 쑤었다. 문득 어르신 생각이 나 조반 전에 잡수시라며 질뚝배기에 담아서 갖다 드렸다. "야, 고거 내가 참 좋아하는 건데 맛있겠구나. 잘 먹겠쉐다." 고맙다며 두 손으로 받으신다. 호박죽 한 그릇이 뭐 그리 대단하다고 그렇게 반색을 하실까. 냉랭한 새벽길에 들고 내려온 성의에 대한 감사의 표현이었을 것이다. 그해 겨울 김장은 어르신의 집 앞 텃밭에 심은 김장배추로 담갔다. 값이야 얼마 되지 않지만 농약을 하나도 쓰지 않아 공해 없는 것이라며 부득불 밭 한 고랑을 내어주는 것이었다.

이곳은 현대식 매장이나 재래시장과도 거리가 먼 작은 시골마을이다. 식료품이라도 구입하려면 읍내에 나가야 하는데 읍 소재지는 이 마을을 중심으로 양쪽에 있다. 그런데 이 어른은 A읍을 피해서 거리가 좀 먼 B읍을 택한다. 강변 길 경관을 즐기기 위함이라고 하는데 나와 취향이 다르지 않아 더욱 친근감이 간다. 나보다 열 살 정도만 연상이시라 해도 형님처럼 친구처럼 교우하고 싶지만 재작년 봄 노환으로 타계하신 어머니와 동령이시니 그러할 수가 없어 그냥 어르신으로 모신다.

내 집 딸아이가 우환으로 입원 중이었을 때 소식을 듣고는 함께 근심하며 이내 눈시울이 붉어지는 감성을 보이시기도 한다. 오랜 세월, 국가의 치안을 담당하는 부서에서 높은 직급을 수행하며 노년에 이르렀어도 인간 본연의 순수함과 내재되어 있는 휴머니즘은 변하지 않은 듯하다.

오늘 읍내에 다녀오는 길에 그 댁 앞을 지났다. 마침 봄꽃 향기 속에 앉아 휴식을 즐기던 어른께서 나를 보곤 반색을 하신다. 투명한 신록이 눈부신 날, 라일락 향기 날리는 한적한 산촌의 오후를 함께 보내게 되었다.

캐나다에 이민하여 살고 있는 어르신의 큰따님으로부터 방금 전화가 걸려왔다는 것이다. 현지 교민회의 행사에 나갔던 따님은 그곳에서 아버지와 출신학교가 같은 어른을 만났단다. 이런저런 이야기 끝에 아버지와의 연줄을 그어 보았다고 했다. 졸업연도와 월남한 햇수 그리고 해방 전에 살던 남포시의 주소를 알려 드렸으나 처음엔 명쾌한 기억을 이끌어내지 못하셨단다.

한동안 다른 행사가 진행되어가고 있었는데 뒤늦게 기억이 난다며 노인께서 말하더라는 것이다. "이제야 생각난다. 그 정직한 친구 말이지? 맞아 이름이 박 아무개였지…… 그 친구가 댁의 아버지란 말씀이지요" 하며 반가워하더라는 소식을 듣고 세월의 저쪽 소년의 때를 회상하고 있었다는 어르신의 표정이 상기되어 있었다.

북의 고향에서 학교를 졸업하고 이향(離鄕)한 지 근 육십 년이 흘렀다. 전쟁과 변혁의 혼란스러운 물결로 해서 인성(人性)마저 접고 살아야 했던 긴 세월, 황혼에 이르러 동기생의 이름은 잊었지만 오직 기억되는 것은 어릴 때의 정직했던 품성이었으니 인간이 지녀야 할 덕목이란 무엇인가.

삶의 좌우명으로 우리는 정직하게 살기를 시도하지만 뜻한 대로 실천하며 사는 이들이 과연 얼마나 되던가. 친구에게, 아내에게, 이웃에게, 세상을 살아오면서 정직하지 못했던 자신을 부끄럽게 되돌아본 오후였다.

특히 하나님을 섬기는 신앙생활마저도 절대 정직했노라고 자신 있게 말할 수 없는 지난날이 참담할 뿐이다. 내가 어르신만큼의 노후에 내 이름을 기억하지 못하는 오래된 친구가 있어 나를 회상한다면 그는 무어라 말할까.

2002. 5.

사백 년 전 여인

400여 년 전 땅에 묻힌 여인이 미라로 발견되었다. 정밀검사 결과 난산(難産) 중 과다출혈이 사인(死因)으로 밝혀졌고 미처 태어나지 못한 태내의 아이와 함께 미라가 된 것이다.

긴박하고 처절했을 그날을 상상하면 충격적인 가운데서도 애틋한 마음을 지울 수 없다. 경기도 파주군 교하면 인근 파평윤씨 종중의 무연고 묘지를 정리하는 과정에서 한 여인의 시신이 미라로 발견되었는데 문중에서는 이것을 대학병원에 기증했다는 것이다. 상태가 양호하게 보존되었고 입고 있는 수의 및 부장되어진 복식의 화려한 색채가 거의 본래의 상태를 유지하고 있어 조선 중기 의상 연구에 많은 자료가 될 것이라고 했다.

여인의 추정 나이는 이십대 중후반으로 판명되었다. 당시 세도가(勢道家)에서 태어나 혼인으로 출가했을 것이고 남편 이외의 어떤 외간의 눈길도 허락지 않은 현숙한 여인이었다고 추측을 해본다. 이미 오래전에 육신의 생명은 끝났다 하더라도 그녀의 영혼이 지금껏 살아 있다면 비록 미라의 존재이나 뭇사람들의 시선을 받으며 연구대상으로 누워 있음에 심한 모멸감을 느끼지나 않을까. 특히 유교사상이 지배적이었던 시대상으로 보아 여인의 몸으로 만인 앞에 누워 있다는 것을 쉽게 용납하지는 않았을 것이다. 만약에 한줌 재로 변했거나 연기(煙氣)되어 하늘을 향해 날아가 버렸다면 이러한 민망함은 겪지 않아도 좋았을 것이다.

이로 인하여 우리의 장례문화를 또다시 생각하게 되었다. 매장으로 인한 폐해에 대하여는 그간 많은 논란이 있어 왔다. 그런데 연전에 어떤 재벌 총수 어른의 유언에 따른 화장(火葬)이 귀감이 되어 이제는 여러 계층 간에도 화장 문화가 정착되어 가고 있다. 근래에는 수목장(樹木葬)이라는 새로운 장례문화가 시도되고 있는 듯싶더니 자연장(自然葬)이라 해서 화장한 뒤 분골을 흙에 섞어 봉분 없이 땅에 묻어 마무리하는 방법도 소개되고 있다. 화장을 하더라도 남아 있는 잔재의 처리 또한 유해(有害)가 아닐 수 없기 때문에 수목장이나 자연장 모두 바람직한 장례방법이라는 생각이 든다.

얼마 전 한 희극인의 죽음과 시신기증은 우리에게 좋은 모범을 보였다. 자신이 죽은 뒤 시신을 대학병원에 기증하겠다며 약속했던 그는 장례식을 치른 후에 장지로 떠나지 않고 병원 안치실로 되돌아간 것이다. 이것이 물론 처음 있었던 일은 아니나 이 시대 공인의 모습이었기에 여러 사람들의 의식을 자극했다. 생전에 많은 이들을 즐겁게 해주었던 그가 자신의 시신 하나로 여럿에게 또 다른 감동을 준 것을 많은 이들이 기억하고 있다.

여기 구름마을은 해발 오백 미터쯤 되는 산으로 둘러싸여 있다. 마을 앞으로 북한강 강물이 그림처럼 흐르고 뒤로는 소나무, 잣나무, 낙엽송이 우거져 산중의 정취를 더해주고 있다. 집 뒤편으로 시작되는 산책로를 따라 십여 분 걷다 보면 숲속 곳곳에 봉긋하게 생긴 작은 구릉들을 만나게 된다. 잡초가 무성하기도 하고 어느 곳은 아카시아나 참나무, 소나무까지 틀고 앉았다. 무심하게 지나칠 때면 솟아오른 작은 지형일 뿐이지만 자세히 살펴보면 누군가의 묘지임이 틀림없다.

묘가 들어선 확실한 연대를 알 수는 없다. 하지만 마을 어르신들이 어렸을 때에도 고총(古塚)으로 존재했었고 현재도 아무런 연고자가 없는 것으로 보아 조성된 지 여러 세대가 지났을 것이다. 이곳을 지날 때마다 느끼는 것은 "인간은 죽은 육신을 어찌 무덤으로 남기게 되었는가"라는 것이다. 누대가 지나도록 버려져 봉분 위로 소나무와 참나무가 아름드리로 늙어가도록 남아 있어야 할 이유는 무엇일까 하는 것이다.

며칠 전 남도 길 여행에서 돌아오면서 죽령고개 마루에 살고 있는 문우를 찾았다. 파란 하늘 위로 흰 구름이 목가적으로 흐르는 가을날 오후에 사과밭에서 낙과를 정리하고 있던 이분은 뛸 듯이 반갑게 맞아준다. 동구 밖으로 내려와 깡통맥주 한 잔으로 대낮의 목마름을 달래며 수년 만의 만남에 건강부터 물었다. 아직은 아무런 적신호를 느끼지 않는다는 서로의 안부에 마음을 놓는다.

저간의 가정사며 지난날 나누었던 즐거운 추억을 화제로 삼다가 건강과 죽음에 대한 이야기를 하게 되었다. 현재는 활기차게 지내고 있지만 그리 머지않은 미래에 다가올 죽음에 대하여 준비해둔 단호한 그의 결심을 엿보게 되었다. 죽은 후 시신은 K대학교 의과대학에 기증하기로 이미 약속한 바 있다는 것과 다 쓰고 남은 유해가 있다면 모두 태워서 적당한 곳에 평장으로 묻으라는 유언을 후손들에게 했다는 것이다. 주변에까지 다가온 시신기증의 문제를 이제는 내가 결단해야 할 차례가 아닐까 깊게 고민하면서 돌아왔다.

사백여 년이 흘렀다. 대구 달성(達成) 서씨 종중의 무연고 묘지를
정리하는 과정에서 한 남자의 시신이 미라로 발견되었다. 문중에서는
이것을 대학박물관에 기증했다. 부장품이란 아무것도 없고 다만 입고
있는 수의 한 벌뿐이다. 대다수의 사람들이 화장 후 평토장으로 치르
던 시대의 남자다. 이미 사라져 버린 매장문화를 고집하게 된 연유에
대한 학계의 관심이 지대하다. 병원에서는 죽은 자의 생전 의식구조
까지 분석하기 위하여 정밀검사 중이라 했다. 미라는 나 자신이며 물
론 내 상상이다.

2006. 9.

하늘로 보낸 메신저

지난겨울, 중한 병을 앓고 있던 친구가 세상을 떠났다. 신앙에 의지해서 병세에 많은 호조를 보이기도 했지만 병원 드나들기를 반복하다가 끝내 죽음을 맞았다. 나는 그가 건강할 때 나누던 우정에 비해서 지나칠 만큼 소홀하게 대하다가 그를 보냈다. 그것은 몸담고 있는 단체의 일이 바쁜 탓도 있었지만 자신의 운명을 다 꿰뚫고 누워있을 그에게 투병의지와 확신 있는 믿음을 줄 만한 자신이 없기 때문이었다. 그의 병문안을 미루다가 후회하게 될 줄 알면서도 끝내 시간을 내지 못했지만 미안한 마음을 다스리기란 한두 번 더 다녀오는 것보다 더 어려웠다.

그가 건강에 이상증세를 느끼고 병원을 찾았을 때는 이미 수술할 만한 시기를 놓친 뒤라고 했다. 며칠 동안 정밀검사를 했는데 암세포가 다른 부위로 전이되었다는 것이었다. 차라리 집에서 편하게 지내는 것이 낫겠다는 의사의 권고를 받고 퇴원하여 요양 중인 그를 만난 적이 있었다. 그는 평상시와 별 다름없이 편안한 표정으로 나를 반갑게 맞이했다.

'어쩌다가 누워 있는 편한 팔자가 되었느냐'며 위중하지 않은 이를 대하는 것처럼 가볍게 묻는 나에게 그 역시 웃으며 별것 아니라고 했다. 쉴 만큼 누워 있다가 털고 일어나라고 했더니 그제야 그는 정색을 하면서 "이제 그만 천국으로 오라고 하시는 그분의 뜻일 거야" 하는 것이다. 그럴 리가 없다고 그의 말을 일축했지만 그는 얼른 내 근황으로 화제를 돌린다. 그는 알고 있는 지식이 많고 언제나 자신의 신상에 관한 것보다 상대방에 대한 안부를 먼저 챙기던 친구였다.

언젠가 미하일 숄로호프의 작품인『고요한 돈강』을 읽을 때였다. 널리 알려져 있지 않은 소설을 대하면서 러시아 문학의 깊이를 그에게 소개하려 했다. "돈이라는 강이 흐르는 러시아 어느 작은 마을에서……"라는 이야기를 시작하려는데 그는 이미 그 소설의 내용이나 등장하는 인물과 노벨문학상 수상을 반려시켰던 작가의 신상까지 늘어놓는 바람에 나는 이야기하려던 의욕을 잃은 적이 있었다. 그만큼 그는 지식의 분야가 넓고 깊어 내 지적 수준으로는 신선한 정보 전달을 불능케 하는 친구였다.

오랜 세월 그와 나누었던 삶 속에서의 여러 관계를 되새겨 볼 때 그를 대하는 내 행동이 너무 무심하다며 아내는 나를 나무라기도 했다. 그런데도 끝내 마지막 가는 길을 전송하지 못한 채 그를 보냈다. 그가 회생할 수 없다는 사실을 그의 가족과 친지들이 다 알고 있는데 명석한 친구 자신이 모르고 있을 리가 없을 것이다. 세상 모든 이치를 다 알고 누워 있을 친구의 병상에서 무어라 위로의 말을 할 수 있으랴.

쾌차할 수 있다며 그에게 투병의지를 심어주는 것은 그를 향한 나의 거짓 위로라는 사실을 빤히 들여다보고 있을 것이다. 또한 그가 결국 임종을 앞두고 있다는 사실을 시인할 때 처절해할 그 눈빛을 어떻게 바라볼 것인가. 그러나 어설픈 갈등으로 쉽게 결정하지 못하는 딜레마에 빠져 있던 시간들을 돌이켜 볼 때 그것이 얼마나 어리석고 우유부단한 이유였던가를 깨닫게 되었다.

바른 기독교인으로 경건한 생활을 지켜가던 그를 밤길 포장마차에 끌고 들어가 소주잔을 채우며 마시도록 꼬드기던 지난날처럼 짓궂은 방법으로 병상의 그를 괴롭혔어야 편안한 우정을 확인시킬 수 있었을 것이다. 우리가 이만큼 살아온 것도 먼저 간 친구들에 비하여 장수한 것이지만 오래 사는 것만이 행복한 것도 아니라는 평소의 지론으로 떠나가는 그를 배웅하기라도 했으면 어땠을까. 그리하여 그와의 격의 없는 관계를 잃지 않고 우리들 생애에 마지막 인사를 치렀어야 했던 것이 아닌가.

장례식장엔 많은 지인들이 자리를 지키고 있었다. 예상하고 준비하던 죽음이라 그리 놀라운 일은 아니었어도 그와의 추억을 이야기하는 친구들은 오랜 시간 영정 앞에 머물러 있기를 마다하지 않았다.

그날 밤, 문병을 자주하지 못했던 나를 뉘우치게 하던 한 친지의 이야기 내용이 자꾸만 가슴에 남는다. 그는 수년 전에 아내를 잃고 두 딸을 출가시킨 뒤 혼자 지내고 있는 장년이다. 그의 아내가 살아 있을 때 우리는 한 마을에서 가족처럼 가깝게 지냈다. 밝은 성품의 여인이 갑자기 세상을 떠나던 날, 이웃은 물론 온 마을사람들이 함께 슬퍼하며 마치 내가 당한 아픔처럼 비통에 젖었다. 아내를 먼저 보낸 그는 휴일이면 빠짐없이 그녀가 누워 있는 무덤을 찾는 순애보의 삶을 살고 있다.

그러한 그가 친구의 병상을 자주 찾았다는 것이다. 아내가 죽어서 가 있는 나라에 머지않아 도달할 친구를 아내에게 보내는 메신저로 생각했던 것일까. 인생이란 죽음으로 끝나는 것이 아니라 더 좋은 내세가 약속되어 있는 신앙인의 믿음으로 위로하면서 친구에게 부탁했다는 말이 가슴속에 잔잔한 물결을 일렁이게 했다.

병실 창문 밖으로 겨울햇살이 온화하게 밀려들어 오던 어느 오후, 잠시 말기암의 통증에서 벗어나고 비교적 의식도 맑아 있던 그에게 가벼운 이야기로 대화하다가 조심스러운 마음으로 부탁했다는 것이다. "그 나라에 가서 먼저 간 우리 집사람을 만나게 되거든 나 잘 살고 있다고 전해줘요." 친구는 두 눈을 반짝이면서 꼭 그렇게 하겠다는 대답과 함께 "두고 간 두 딸도 결혼시키고 잘생긴 손자도 생겼다는 안부를 꼭 전해줄게……"라고 분명하게 말하더라는 것이다. 누워 있는 친구의 야윈 육신을 가볍게 안아주고 이 세상에서 마지막으로 아름답고 숭고한 작별의 인사를 했다는 것이다.

'내가 이번 주일을 넘기지 못하고 갈 것 같으니 날 보려거든 서둘러 문병을 오라'고 했다는 어느 지인의 말이 더욱 가슴을 저리게 한다. 그것은 바로 친구가 나에게 하고 싶었던 서운한 마음의 표현이 아니었을까. 세상이치는 물론 나와 내 집 가정사에도 애정을 보이던 그를 그리 소홀하게 보냈던 자신의 무심함이 부끄러워진다. 그는 이미 아주 먼 곳에서 나를 내려다보면서 아마도 의미 있는 웃음을 보내고 있을는지도 모른다. '친구야, 자네도 언젠가는 나 있는 데로 올 때가 있을 테니 매사에 충실하게 살다가 오시게'라면서…….

2009. 3.

휘파람새의 전설

어머니의 추억

어머니는 혼자서 빈집을 지키시는 날이 많았다. 아이들 모두 등교하고 우리 내외 일터로 나가면 하루 종일 집에 계시기가 지루했을 것이다. 골목길을 누비는 자동차 행상에게 식료품을 구입해서 가끔 저녁 음식을 준비하기도 했다. 그러나 대부분의 시간을 성경책도 읽고 TV도 보고 가끔은 옛날 사진첩도 정리하며 시간을 보내셨다.

낮에 틈이 나서 일찍 귀가라도 하는 날엔 어머니는 몹시 반가워했다. 이런저런 세상일을 묻기도 하고 옛날 얘기를 꺼내시기도 한다. 80 연세가 넘었어도 총기가 맑고 건강도 좋아서 먼 길을 다녀오더라도 하룻밤 편안히 지내고 나면 아무렇지도 않게 당신 방에 불을 켜고 새벽기도를 드리셨다.

그날은 경기도 지방에 처리해야 할 업무가 있었다. 자동차를 타고 다녀와야 되는 일인데 오래 걸리는 일이 아니어서 어머니와 동행하기로 했다. 곧게 뻗은 강변도로를 달려 호수와 숲이 절경을 이루는 호젓한 길옆에 그림처럼 지어진 찻집에 들렀다. 향 좋은 커피를 마시며 어머니는 나보다 더 감상에 젖으신다. 넓은 벌이었던 곳이 댐 조성으로 호수를 이룬 건너편 산 아래로 강마을이 정겹다. 그곳을 바라보시며 어머니는 생애에 즐거웠던 일 중의 하나를 추억담으로 이야기하신다.

해방 직전 미군의 B-29폭격기가 한반도의 상공을 위협하던 무렵이었다. 일제(日帝)는 서울 시민들의 안전을 위해서라며 소개령(疏開領)을 내린다. 많은 이웃들과 함께 우리도 한적한 시골로 거처를 옮겼다. 기름진 넓은 벌과 산하가 아름다운 곳, 지금 바라보이는 호수 건너편 마을인데 해방과 한국전쟁을 겪으며 십여 년을 우리는 그곳에서 살게 되었다.

혼돈과 폐허의 가난한 시절에 아버지의 근검하신 노력에도 생활의 어려움은 쉽게 해결되지 않았다. 내 아래로 동생이 태어나고 그 이듬해 아버지는 입도선매의 형식으로 채소밭을 구입하여 늦가을 김장용 야채를 서울에 공급하는 일을 하셨다.

그해 많은 양의 채소를 트럭에 나누어 싣고 아버지는 마을을 떠났다. 그리고 며칠이 지났는데 아무런 연락도 없는 것이다. 서울까지는 무사히 도착했는지, 그해의 채소 값이며 수입과 지출은 어떠한지 모든 것이 궁금한데도 아버지는 아무런 연락이 없었다. 추워지는 날씨, 바닥이 보이는 생활비, 그런데 이런 것들보다 더욱 어머니를 불안하게 만든 것은 아버지의 안부였다.

그때는 서울이 수복되었다 해도 화물트럭이 한강을 건너서 시내로 진입하기란 쉽지 않은 시절이었기 때문이다. 연락이 두절되고 열흘, 스무 날, 한 달이 지나면서는 생활비나 추워진 날씨는 아무런 문제가 되지 못했다. 우리는 오직 아버지가 무사하기만을 간절히 바라고 있을 뿐이었다.

그러던 어느 날 어머니는 막내 어린것을 등에 업고 마침내 아버지를 찾아 서울로 떠나기로 한 것이다. 내 유년의 기억 속에도 아직 그때의 일들이 선명하게 남아 있는 것을 보면 열 살이 채 되지 않은 어린 마음에도 꽤 난감하고 착잡했던 듯싶다.

어머니는 확실한 거처를 알 수 없는 아버지를 찾아 우리가 전에 살던 마을로 간다고 했다. 그리고 몇 분 계신 아버지의 친구들, 예전에 연고 있었던 곳마다 두루 찾아보겠다고 했는데 이러한 어머니를 우리 어린 형제들은 그냥 바라보고만 있을 뿐이었다.

서른여섯이 된 젊은 어머니는 아버지가 무사하기만을 기원하며 서울을 향해 발걸음을 옮겼다. 무서리가 내려 황량함을 더해 주는 넓은 벌 갈림길에서 오른쪽으로 들어서면 낡은 초가 마을이 보인다. 소나무 우거진 언덕 아래엔 차디찬 한강 물이 흐르고 나룻배를 기다리는 행인들 틈에 섞인 어머니는 아이를 등에 업은 채 불안한 마음을 눌렀다.

강을 건너고 갈대밭 길을 지나면 중앙선 철도의 간이역에 이른다. 서울로 가거나 반대편 Y읍으로 향하는 낡은 버스는 하얀 흙먼지를 날리면서 좁은 국도를 달렸다. 버스를 탈까, 한 시간 후에 들어오는 기차를 탈까 망설이시던 어머니는 조금 기다리더라도 편안한 기차를 이용하실 것을 작정한다. 그런데 이 결정이 평생 즐거운 추억으로 남는 그야말로 드라마틱한 사건을 연출하게 되는 것이다.

정거장에서 한 시간여를 기다리던 어머니는 서울로부터 하행하는 열차에서 내리시는 아버지를 참으로 우연하게 만난 것이다. 차에서 내린 아버지의 짐 보따리 속에는 아이들 입을 의복이며 먹을 것들이며 넉넉한 생활비까지 들어 있었다는 것이다. 반가운 마음에 뛸 듯 기뻐하며 영화에서처럼 포옹이라도 했을 법하지만 어머니의 성격으로 봐서 그리 크게 내색하지는 못했으리라 짐작되는 바이다.

그러나 아버지와 함께 대문을 들어서면서 "살다 보니 이렇게 좋은 날도 있구나"라며 떠날 때와는 전혀 다른 기쁘고 즐거운 모습을 보이셨다. 늦은 귀가의 이유를 듣고 우리는 우리 앞에 새로운 삶이 기다리고 있음을 알게 되었다. 아버지가 싣고 간 채소는 좋은 값으로 쉽게 팔렸단다. 그 이득금으로 해방 전 우리가 살던 마을 근처에 새롭게 집을 장만하고 또한 아버지께서 근무할 직장까지 마련하고 돌아오느라 오랜 시일이 걸렸다는 것이다.

우리 가족 모두는 그해 한겨울 추위도 아랑곳하지 않고 서울로 이사를 했다. 덮개 없는 화물차의 짐짝 위에 앉아 심하게 흔들리면서도 가난했던 그 마을을 떠난다는 것에 대하여 한 점 미련도 남기지 않았다. 새로운 생활에 대한 기대감도 그러하지만 자동차가 그 마을에서 멀어지는 만큼 궁핍했던 시절과 전쟁으로 인한 혼란한 기억으로부터 멀어지는 것 같아 어린 마음에도 밝은 빛을 향해 나아간다는 희망에 부풀었다. 반세기가 더 지난 어머니의 추억이지만 많은 부분을 나와 공유하고 있었다.

햇볕이 설핏해지면서 호수에 이는 잔물결이 한결 선명해졌다. 일을 끝내고 돌아올 때까지 승용차 뒷좌석에 누워서 나를 기다리겠다던 어머니는 시골 마을 텃밭에 심어진 열무 몇 단을 구입해서는 그 자리에서 깨끗하게 다듬고 있었다.

세월은 많은 것을 변화시켰다. 그 후 십여 년간 평안한 삶을 일구셨던 아버지는 지금의 내 나이도 되기 전에 불의의 사고로 돌아가셨다. 또한 그 아버지를 찾아 서울로 떠날 때 등에 업혔던 막내가 사십 중반 젊은 나이에 삶을 마감하고 말았다. 불행은 혼자 오지 않는 법인가. 그로 인한 심적 충격을 견디지 못하신 어머니마저 먼 곳으로

가신 지 다섯 해, 추억 속을 함께 거닐던 호숫가에 저녁노을은 붉게
타고 그 산마루 어머니 묘지엔 올봄 뻐꾸기 소리가 유난히 애처롭다.

2004. 5.

잊힌 남자

모처럼 서울 나들이를 했다. 시외버스를 타고 한 시간 넘게 걸려 잠실에 도착했다. 청첩장에 인쇄된 결혼식장을 가기 위해서 다시 지하철을 갈아타는데 복잡한 지하 잠실역의 내부가 쉽게 감이 잡히지 않는다. 한참 망설이다가 예전의 기억을 되살려 팻말을 따라 표 파는 곳을 찾고 이내 사람들을 따라 아래로 내려갔다. 전동차 도착할 시간이 되어 많은 사람들이 승강장을 메우고 있었다. 그 인파 가운데 얼핏 스치는 한 남자의 안면이 낯설지가 않다. 오랜 세월이 흘렀는데도 그에 대한 감정이 아직도 달갑지 않게 남아 있는 것은 과거에 집착하는 내 고루한 성격 때문일까.

사십 년쯤 전에 헤어져 이제는 잊힌 남자와 오늘 우연하게 맞닥뜨렸다. 세상 물살에 수십 년 다듬어졌다 해도 본래 마음 바탕이야 어디 가겠는가. 예순 살도 한참 지난 나이에 만난 젊은 시절의 인연이 반가워야 할 텐데 옹졸하기 때문일까, 마음이 열리지 않는다. 미심쩍어 다시 뒤돌아보는데 그와 시선이 마주친다. 그런데 그 역시 얼른 시선을 피한다. 나 역시 당신을 기억하지만 만나고 싶지는 않다는 뜻이리라. 우리의 남은 인생길을 생각할 때 또다시 보게 될 기회는 없을 것이다.

70년대 초 어떤 사보에 포토 에세이를 게재하던 때의 일이다. 사회에 나와 시작했던 대기업에서의 직장생활을 심각한 건강문제로 휴직하고 요양을 이유로 한가한 나날을 보내고 있을 때였다. 작품성 있는 사진과 함께 에세이 형식의 글을 기고하면 편집기자의 손에 의해서 한 편의 영상작품을 만들어내고 있었다.

회사 홍보실에 편집과 취재를 겸한 여기자가 있었다. 그녀는 대학에서 신문방송학과를 졸업한 재원으로서 매사에 활달한 성격으로 남자 사원들 사이에서도 인기가 있었다. 그녀를 포함한 나와 홍보실 직원 몇몇은 일과가 끝난 뒤 찻집에서 혹은 생맥줏집에서 우리들만의 이야기에 꽃을 피우는 일이 많았다. 어느 날인가 동대문 밖 어떤 주점에 모여 70년대 문화와 예술에 대한 토론으로 시간을 보내고 각자의 집으로 헤어질 때였다. 남가좌동 행 542번 일반 버스에 혼자 오르는 그녀가 안쓰러워 차내에서 읽으라며 독서신문 한 부를 구입해서 그녀의 손에 들려준 적이 있었다.

훗날 그녀의 고백에 의하면 그날 독서신문 하나로 해서 나를 대하는 그녀의 감정이 달라졌다는 것이다. ≪선데이 서울≫ 같은 대중성 있는 오락주간지가 주종을 이룬 밤 시간대의 가판대에서 그녀에게 권해준 교양과 전문성 있는 주간지 한 부로 해서 나는 그녀에게 꽤 수준 있는 남자가 되어 있었다.

그녀는 그 후로 내 글과 사진에 큰 관심을 보였다. 홍보실의 편집방향까지 바꾸어 가면서 내 작품의 의도를 완벽하게 반영하기도 했다. 소재 선정에 대한 능력이 남다른 데다가 편집회의 주도권을 늘 그녀가 쥐고 있을 만큼 꽤 능력을 인정받던 그녀였지만 일과가 한가한 중에는 틈틈이 털실로 뜨개질도 하고 있었다. 사원들은 그녀가 뜨고 있는 남자용 재킷의 주인이 누구일까에 대해서 많은 관심을 나타냈다.

그 겨울 특집을 편집하는데 봄꽃을 촬영해야 할 일이 있었다. 눈 내리는 겨울날 그녀는 나와 동행하여 창경궁 식물원을 취재하게 되었다. 깊은 겨울이라 함박눈이 탐스럽게 내리던 날 유리 온실 안에 피어난 각종 봄꽃을 정성껏 촬영하고 돌아오는 길이었다.

비원 앞을 걸어 종로 삼가 쪽으로 향하던 우리는 골목길 작은 찻집으로 들어갔다. 한적한 다방의 수족관 옆자리에 앉아 물고기의 날랜 유영을 바라보면서 그녀가 내게 말했다. "내가 뜨는 재킷 주인이 누구일까 생각해 본 적 없어?" "글쎄…… 나와는 관계없는 일 같아서 관심 없네요……." 나는 심드렁하게 대답했는데 그녀는 눈빛이 달라 보였다. "몰랐겠지만 실은 독서신문 선물에 대한 답례야." 독서신문 자체가 중요한 게 아니라 그것을 읽을거리로 권해준 내 정서가 마음을 움직였다는 것이다. 농담처럼 가볍게 시작된 그녀와의 관계는 미래에 대한 가능성까지 짚어가며 향기로운 봄날을 향하여 조심스럽게 마음을 열어가고 있었다.

그녀가 만들던 옷이 완성되었다. 그날 저녁 만나기로 약속한 장소에 그녀는 나타나지 않았고 다른 일로 인해서 만날 수 없다는 전화를 받았다. 편집이 끝난 시점이라 내가 사무실에 들를 기회는 딱히 없어 그녀를 며칠간 만나지 못했다. 게다가 휴직 중인 내 직장에 다시 출근해도 좋다는 주치의의 진단이 있어 나름대로 바쁜 일정을 보내고 있었다. 그녀의 털실 옷에 대한 약속은 어떻게 된 것인가. 나를 위한 선물이라던 그녀의 뜨개질 작품이 나에게 전달되지 않은 채 겨울은 끝나가고 있었다.

계간으로 나오는 사보의 봄호가 출간되었다. 그녀를 만났어도 털실 옷에 대한 안부를 묻는 것이 겸연쩍기도 하고 듣고 싶은 기분도 들지 않았다. 지난겨울 눈 속에서 피어난 온실 안의 봄꽃만 화보 속에서 활짝 웃고 있었다. 오랫동안 만나지 못했던 그녀와 돈화문 근처 어떤 찻집에서 마주 앉아 그 겨울 재킷의 행방에 대해서 전말을 이야기 듣게 되었다. 재킷을 포장해 자리에 두고 잠시 자리를 비운 사이에 누군가의 손에 의해서 사라지고 말았다고 했다.

다음 날 아침 그 재킷을 입고 나온 한 멀쩡한 남자가 있더란다. 경리과에 근무하면서 이유 없이 홍보실을 드나들던 그자가 양복 속에 입고 있는 재킷을 본 그녀는 자신의 눈을 의심했다는 것이다. 그녀는 내게 말하지 않았지만 후문에 의하면 직원들은 그녀가 손수 공들여 만든 선물을 줄 만큼 사랑하는 사이라고 인정하는 눈빛을 보냈고 어떤 이는 노골적으로 축하의 인사까지 하더라는 것이었다. 그에게 어떤 암시를 주었기에 그런 맹랑한 일이 발생한 것인가에 대한 확실한 답변을 요구했으나 그럴수록 우리의 관계에 이상한 기류만 맴돌 뿐 관계 정상화에는 아무런 도움이 되지 않았다. 나를 위해 만든다는 정성 어린 선물은 만져도 못 본 채 그녀와의 관계는 끝나고 있었다. 뿐만 아니라 사보에 게재하던 에세이의 연재를 마치고 내가 살아가야 할 본 업무로 돌아오게 되었다.

경리과 그 녀석은 털실 재킷만 늘어지도록 입은 채 아들딸 줄줄이 낳고 잘 먹고 잘 살았어야 했다. 그러나 훔쳐온 장물이 어디 그렇게 유용하게 쓰이던가. 인편에 들려온 소식을 말하자면 그녀는 홍보실 전 직원이 참석한 가운데 입장정리를 확실하게 하고 회사를 떠났다는 소식이었다. 그 뒤에 그 남자 역시 회사를 떠나서 개인 사업을 시작했다는 소문과 함께 세월은 무심하게 흘렀다. 내 청춘사업의 훼방꾼으로 등장했던 멀쩡하게 생긴 그 남자. 잠실역 지하 승강장에서 잠깐 지나쳐 버린 그 남자, 이제는 세월의 흔적에 많이 피폐해져 초라한 늙은이로 변모한 그가 눈앞에서 쉽게 사라지지 않는다.

이쯤 살아온 시점에서 그녀를 만나게 될 우연은 일어나지 않을 것인가.

2007. 1.

상견례

새해 첫날 우리 가족은 중대한 행사를 치렀다. 올봄 결혼을 앞둔 딸아이의 시댁 어른들과 마주앉아 인사의 예를 나누는 상견례(相見禮)라는 만남이었다.

서울 강남의 어느 한식집에서 뵙자는 통보를 받은 건 며칠 전이었다. 딸아이는 말은 하지 않아도 꽤 긴장하면서 준비하는 눈치였다. 아내 역시 무슨 옷을 입을 것인가, 어떻게 처신해야 할 것인가 궁리가 많았다. 왜 안 그렇겠는가. 불편할 만큼 조심스러운 관계인 사돈 간의 처음 만남이고 보니 신경 쓰이는 것은 당연한 이치였다.

오후 다섯 시 약속을 위해서 우리는 두 시간 전에 집을 나섰다. 정체되는 자동차에 갇혀서 하염없이 시간을 보내게 되어 약속시간을 맞추지 못한다면 그 민망한 실수를 어찌하랴. 너무 일찍 도착하게 되면 길가에 차를 세워 놓고 기다리더라도 우선 약속장소 근처까지는 일찍 가야 한다. 그런데 오후의 강변도로는 한산했다. 선명하게 그려져 있는 하얀색 차선을 따라 우리는 지정된 최고의 속도로 달릴 수가 있었다. 이대로 간다면 약속장소에 반시간 이상 일찍 도달하게 될 것 같았다.

이때 딸아이의 휴대전화가 울렸다. 곁에서 들어보니 그쪽은 이미

약속장소에 도착해서 기다린다며 어디쯤 오고 있느냐는 것이다. 그
댁 역시 약속시간에 자유로울 수가 없었던 것이 아닐까. 강변북로 워
커힐 앞을 통과하고 있으니 늦어도 십분 정도 지나면 도착할 것이라
며 전화를 끊는다. 신년 연휴기간이라 서울의 자동차 중 많은 숫자가
시외로 빠져나갔다는 것을 그때서야 깨닫게 되었다. 잠실대교 아래를
지나 청담대교 아래를 통과하고 성수대교를 건넜다. 이내 강남의 한
복판에 수목이 울창한 약속장소가 보였다.

　매우 귀한 손님에게 베푸는 종업원의 세련된 대우를 받으며 2층으
로 올라갔다. 딸아이는 제 부모가 이 행사를 잘 치르게 될까 염려하
며 뒤따라 올라왔다. 긴장되기는 나 역시 마찬가지다. 아내는 나보다
더 소심하니 그의 마음은 어떨까. 사돈어른들과 인사를 나누는 자리
에서 조금이라도 실수가 있다면 두고두고 이야깃거리로 남아 있게
될 것을 염려하는 눈치를 어찌 낸들 모르랴. 안내원의 뒤를 따라 들
어간 곳은 조용하고 아늑한 방이었다.

　그들은 이미 자리 잡고 앉아 우리를 기다리고 있었다. 사위 될 청
년과 부모님 그리고 젊은 사돈처녀 이렇게 네 명이 앉아 있었다. 고
단한 삶의 흔적이 엿보이지 않는 바깥사돈의 여유 있고 세련된 외모
에 일단 안심을 했다. 우리는 최대한 공손하게 인사를 하고 자리에
앉았다. 이미 상견례의 경험이 있는 어른들은 이러한 분위기를 다 알
고 있으리라.

　사람 살아가는 모습이란 대개가 엇비슷할 터이니 그리 어려워할 것
도 거북스러울 것도 없을 것인데도 처음 대하는 사돈 간의 만남이란
이렇게 조심스럽다. 통성명과 함께 상견례가 끝나고 음식이 들어왔다.
　바깥사돈은 상의를 벗으며 편한 자세로 고쳐 앉았다. 그러면서 나

에게도 상의를 벗으시라며 정중하게 권했다. 그런데 나는 벗을 생각이 별로 없었다. 잠시 머뭇했는데 아내는 "당신도 윗옷을 벗지 그래요?" 한다. 아내가 나에게 존칭을 쓰는 경우는 극히 예외적인 일이다. 그러나 오늘 이 자리에선 존칭을 쓰는 것이 이해가 된다. 그녀는 반쯤 제정신을 잃고 있기도 하지만 실제는 안 그렇다 해도 이 순간에는 조금이라도 고상하게 보여야 하니까 그랬을 것이다. 실내가 약간 냉랭한 듯해서 나는 벗을까 말까 잠시 생각을 했던 것이다.

좌중의 모두가 내 다음 행동을 기다리고 있었다. 특별히 할 말이 없으니 자연 내게로 시선이 모아질 수밖에 없는 상황이었다. 사돈은 내가 윗옷을 벗지 않는 것을 좀 이상하게 생각하고 있을는지도 모른다. 이럴 땐 나 좋아하는 대로만 해서는 안 될 것 같은 느낌이 들어서 한마디 하면서 마지못해 옷을 벗었다. "주머니에 현찰이 많으니까 조심해⋯⋯." 어려운 사람들이 있는 자리여서 되도록 점잖은 목소리로 말했다. 그것은 분위기를 좀 부드럽게 하기 위해 의도적으로 한 말이었지만 실제로 은행에 넣지 못한 공금이 꽤 들어 있던 것도 사실이었다. 그런데 이 말의 효과는 편안한 자리를 연출하는 데 큰 몫을 하게 되었다.

사돈처녀가 먼저 크크 하면서 웃음을 참지 못했다. 곁에 앉았던 안사돈이 입을 가리고 웃음을 터뜨리고 모든 이들이 함께 웃고 말았다. 나도 따라 웃다 보니 사돈끼리의 상견례 자리가 아닌 남녀 동창모임같은 화기애애한 분위기로 변했다. 조심스럽게 시도한 조크를 받아들이지 못하는 이들이라면 썰렁한 분위기로 급락할 수도 있다는 것을 아는 나로서는 일종의 모험을 한 것이었다. 이때부터 우리는 비교적 자연스러운 시간을 보내게 되었다. 유머는 이처럼 긴장을 풀어주는 훌륭한 묘약이 되어 준다.

상의를 벗은 채 몇 순배의 술잔도 오고갔다. 우리는 종종 만나는 이웃처럼 평범한 일상까지도 주고받으며 한참의 시간을 보냈다. 차려졌던 음식과 후식까지 마치고 나니 시간도 꽤 지났다. 혼인 날짜를 정하고 예식장 선택에 대한 이쪽의 주문 등 혼사에 중대한 결정을 하고 자리를 일어섰다.

계단을 내려오면서 아내를 향한 안사돈의 이야기를 잠깐 듣게 되었다. "분위기를 편안하게 이끌어주셔서 참 감사했습니다. 우리는 얼마나 긴장했었는지요……." 하긴 그댁 역시 어색하고 어려운 마음이야 마찬가지였으리라.

칭찬은 메아리와 같은 것이다. "인자하고 밝은 품성을 지니신 두 분을 뵙고 안심이 되었습니다." 사돈댁을 향한 내 거짓 없는 칭찬이 더 큰 칭찬으로 화답되어 돌아왔다. "새아기는 좋은 부모님 밑에서 행복하게 자랐구나." 듣기에 기분 좋은 말이다. '돈 많은 집에서 부유하게 자랐겠구나' 하는 말보다 얼마나 가치 있는 덕담이랴. "우리 아이가 모자라는 점이 많습니다. 친딸처럼 가르쳐주시기 바랍니다"라고도 말하고 싶었지만 그 말은 아꼈다. 왜냐하면 그런 부탁을 하지 않더라도 그리 해주실 분들 같았기 때문이었다.

돌아오는 길 역시 갈 때처럼 정체구간 없이 환하게 뚫려 있었다. 우리의 귀갓길을 위해서 준비되어진 것 같은 흐뭇한 기분으로 자동차 전용도로를 달려왔다. 아이들의 앞날도 이처럼 막힘 없었으면 좋겠다는 생각을 하면서…….

2007. 1.

산을 오르며

11월의 오후 낙엽 쌓인 산길을 올랐다. 이름 있는 등산로가 아니고 산세도 빼어나지 못해 찾아오는 이 없는 호젓한 곳이다. 해발 오백 미터가 채 안 되는 이 작은 산을 혼자 오른다.

나 외에 아무도 없는 산길은 가랑잎이 쌓여 길을 찾기가 힘들다. 땀 흘리며 오르다가 앞이 막히면 울창한 잡목 사이로 한참을 분간하다가 길이 있었음직한 곳을 찾아 또 오른다.

얕은 계곡 사이로 냇물이 조용한 소리로 흐른다. 가랑잎 버석거리는 소리에 섞인 도랑물 소리 외에 아무것도 들리지 않는 것이 속된 세상을 멀리한 것 같아 마음까지 정결해진다. 불현듯 어디선가 "다다다닥" 하며 작은 연속음이 들린다. 걸음을 멈추고 소리 나는 곳을 바라보니 알록달록한 딱따구리과 새 한 마리가 마른 나무기둥에서 먹이를 쪼고 있다. 스무 발짝도 되지 않을 지척에 내가 서 있는데도 이 놈은 무심히 하던 일을 계속하고 있다. 이 작은 미물도 인적을 그리워했기 때문일까.

산은 얕지만 무시할 게 아니었다. 길을 찾아 헤매다가 쌓인 낙엽더미에 발이 미끄러진다. 중심을 잡지 못해 넘어질 것 같아 작은 나무줄기를 잡았는데 몹시 따가워 손을 놓고 결국 넘어지고 말았다. 다시

오르며 보니 잡았던 나무는 잎 떨군 두릅나무 가지였다. 길이 끊긴 것 같아 다시 내려갈까 망설이다가 포기한다는 것이 싫어 미심쩍은 산행을 계속한다. 어디쯤에선가 먼저 오른 이들이 표시해 놓은 나뭇잎처럼 매달려 있는 산악회 리본을 발견한다. 이곳이 길이라는 의미다. 삶이 오리무중으로 꼬여 비틀어졌을 때 한줄기 해결의 빛을 만난 기쁨이 이러할 것이다.

산이 높지 않고 경사도 완만한 데다가 키 큰 나무들이 울창해서 시야가 가린다. 한참 올라온 듯해 수목 사이로 자세히 내려다보니 내가 사는 집이 손바닥만 하게 보인다. 그 아랫 마을이 조감도를 펼쳐 놓은 것처럼 상세하고, 좀 더 먼 곳엔 그림 속 풍경 같은 북한강 물이 멈춘 듯 흐르고 있다. 험한 바위틈으로 용케 뿌리를 내린 구부러진 소나무 그늘 아래 앉아 잠시 휴식한다.

고요뿐인 산속, 작은 미풍에도 흔들려 떨어지는 낙엽들, 무상한 마음만 남겨놓고 훌쩍 떠나 버린 짧은 가을, 많이 남아 있지 않은 오후 시간에 길을 몰라 애써 찾아나가야 할 지금의 내 앞길, 이 수년 내에 영결한 가족들에 대한 그리움이 불현듯 나를 스치면서 눈앞이 흐려진다.

도저히 짐작하지 못할 산길은 계속된다. 아무런 흔적이나 자취가 없는 것을 보면 적어도 올가을 들어선 누구도 다녀가지 않은 곳일 듯싶다. 사람이 걷기에 불편하지 않을 만한 데를 찾아 가랑잎 깔린 산비탈을 더듬어 조심스럽게 올라갔다. 그러나 그곳은 낭떠러지가 기다릴 뿐 내가 찾는 등산로는 아니었다. 정상으로 향하는 길이 이곳이다 싶어 어렵게 올랐으나 길은 거기서 끝나 있었던 것이다. 할 수 없어

오르던 길을 얼마쯤 되돌아 내려오면서 시행착오로 인한 지난날의 고배를 떠올리기도 했다.

큰 바위를 끼고 좌측의 가파른 곳을 한참 오르다 보니 먼저 다녀간 이들이 달아 매놓은 빨간색 리본이 바람에 나부낀다. 잘못 들어서지 않았다는 안도의 반가운 마음으로 하늘을 보는데 하늘과 맞닿은 능선이 눈앞에 보인다. 땀을 흘리며 다소 무리해 걸었다.

487미터 구암산의 정상이 거기에 있었다. 산의 맥은 남쪽을 향해 뻗어나갔고 동·서쪽 산 아래로 그림 같은 마을이 줄지어 있다. 멀리 경춘선 기차 지나가는 모습하며 산길을 힘겹게 돌아가는 버스의 엔진소리가 예까지 들리는 듯하다. 높은 곳이 아니더라도 정상은 아름답고 의미도 있다. 맨 꼭대기임을 알리는 돌판을 딛고 서서 무얼 할까 망설이다가 하나님께 기도를 드렸다. 남은 삶을 하나님께 맡깁니다. 평탄한 길 주옵소서.

초겨울 짧은 해는 벌써 서쪽으로 많이 기울었다. 북한강 건너 맞은편으로 보이는 화야산 자락에 햇살이 유난히 밝다. 서향의 햇볕을 받아 나 있는 곳으로 반사해 주고 있기 때문이다. 등에 메고 간 배낭을 풀어 생수 몇 모금 마시고 이내 하산 길에 접어든다.

올라오던 길을 택하지 않고 봉우리를 축으로 좌측 능선을 이용할 셈이다. 그렇게 하면 산을 한 바퀴 순환하게 된다. 키 큰 나무의 숲이 눈앞을 가려서 현재의 위치와 내려갈 길을 분간하기가 쉽지 않은 것은 오를 때나 한가지다. 길이 있을 법한 곳을 찾아 발길을 옮겼다. 오를 때와 달리 숨이 차거나 땀을 흘리지는 않았어도 다리에 힘이 부쳐 주저앉고 싶어진다.

소나무 숲이 우거지고 완만하게 경사진 곳을 골라 아래로 내려간다. 안내표지인 빨간 리본자락을 찾으려 하는데 보이지 않는다. 일말의 의심이 없지 않았으나 불안한 마음을 누르고 걷기 쉬운 곳을 택한다. 잔솔가지 사이 작은 바위를 지나자 가파른 잡목 숲이 앞을 막는다. 어찌할까 망설이면서 한두 걸음을 내딛는데 갑자기 무엇에 발이 걸려 넘어졌다. 살펴보니 야생동물을 잡으려고 누군가가 설치해 놓은 철사 줄 올가미였다.

운영하던 사업이 국제금융 사태의 여파로 인해서 힘들어졌다. 전반적인 경기가 한참 위축되어 있을 때 아무렇지도 않은 숲길 같은 대기업의 많은 오더를 받았다. 새로운 희망을 가지고 온 직원이 생산에 정성을 다했다. 납품을 마치고 결제 날짜가 다가오는데 대기업 부도라는 기사가 철사 줄 올가미처럼 신문과 방송을 뒤덮었다. 당연히 결재는 계획의 차질을 빚었고 사업은 더욱 어려워졌다.

쉽게 눈에 띄지 않는 덫을 거두어 제거해 버렸다. 내려오던 길을 되돌아 올라가 산 정상에서부터 다시 하산 길을 찾았다. 능선을 따라 좀 더 남쪽으로 걷다가 바위틈 사이 소나무 가지에 달린 빨간 리본을 찾았다.

참나무와 굴피나무 숲을 지나자 낙엽 쌓인 하산 길이 환하게 보이기 시작한다. 인적이 없어 호젓한 산속에 전망 좋고 편편한 산길이 있어 걷기에 상쾌하다. 방금 올랐던 봉우리 너머로 이미 자취를 감추어 버린 11월의 짧은 하루가 내 인생처럼 저물어가고 있었다.

2001. 11.

휘파람새의 전설

　봄이 짙어가는 숲 속에 휘파람새가 울기 시작했다. 초록색 구름처럼 피어나는 나뭇잎 사이에서 영락없는 휘파람 소리가 들려왔다. 때로는 청아하게 어떤 때는 애절하게 이어진다. 한낮의 맑고 밝은 새소리에 비해 해 질 녘의 새소리는 애조를 띤다. 온종일 계속되던 이 소리는 잠시 여운을 두기도 한다.

　숲에 사는 새소리는 그 수를 이루 헤아릴 수가 없다. 딱따구릿과의 새가 나무를 쫄 때는 빠르게 회전하는 기구 음으로 산속의 정적을 울린다. 높은음자리표 시솔솔도 네 음절의 정확한 음정을 구사하는 검은등뻐꾸기 소리에 이어 소쩍새가 울기 시작하더니 뻐꾹새가 산자락에 메아리쳤다. 끊어졌다가 이어지는 휘파람새 소리에 잊혀 가던 기억이 되살아나 가슴속을 파고든다.

　고려 때 어느 도공 총각과 결혼 날짜를 사흘 앞둔 처녀가 그만 몹쓸 병으로 세상을 떠나고 말았단다. 사내는 그녀의 무덤을 돌보며 평생을 독신으로 살았다. 그는 죽은 약혼녀를 위하여 아름다운 그릇을 만들었다. 세월이 흐르고 늙어 백발이 되어 자신의 사후에는 무덤을 돌볼 이가 없음을 한탄하면서 그녀의 무덤가에서 그도 죽었다. 그의 시신 옆에 예쁜 도자기 하나가 있었고 그 속에 새 한 마리가 들어 있

었다는 것이다. 그 새의 울음소리는 청아한 휘파람 소리였다는데 도
공의 넋이 새가 되어 환생한 것이라는 이야기가 전해 내려오고 있다.

연전에 내 외사촌 누님이 세상을 떠났다. 간경화증으로 여러 해 고
생을 하다가 병원 치료가 한계에 다다랐고 그래도 희망을 버리지 않
은 가족들의 지극한 민간요법에도 별 효험을 거두지 못한 채 결국 그
렇게 되고 말았다. 손위 누님이라고 하지만 일 년이 채 되지 않는 나
이 차로 우리는 친구나 다름없었다.

그녀가 타계하기 한 달 전쯤인 그해 늦가을 그녀가 살고 있는 Y읍
으로 향했다. 기적이 일어나지 않는 한 우리가 겪어야 할 슬픔에 대
하여는 아무도 부인할 수 없어 살아서 마지막 만남이라는 비장한 각
오를 가지고 길을 재촉했던 것이다.

별빛 곱던 그 백사장과 강물이 이제는 넓은 댐으로 변해서 마치 바
다와 같은 물결이 일렁이는 한강 상류를 거슬러 도착한 곳에 그녀가
살고 있었다. 가끔 이 도시를 지날 때 허물없이 찾아가 예전처럼 어
울리기라도 했으면 좋은 추억 몇 가지 더 만들었을 텐데 그리 하지
못한 것이 아쉽다. 그녀는 병세가 좀 호전되어 퇴원한 것이라며 자리
에 누워서 나를 맞이했다.

젊고 건강했을 때의 그녀일 것이라고는 상상할 수 없도록 심하게
야위어 있었다. 수년 만의 해후여서 할 말도, 듣고 싶은 이야기도 많
았지만 기력이 미치지 못한 그녀는 눈동자만 반짝인다. 남편이 잠시
자리를 비웠을 때 대뜸 J에 대한 소식을 물으며 살짝 웃는다. 그러나
순간적으로 스쳐간 그녀의 미소는 대답을 기다릴 것도 없이 그만 짧
은 한숨에 묻혀 버리고 말았다.

그냥 말해 버릴까. 그녀가 모르게 사십 년 가까이 묻어두었던 사실을 오늘 말해 버릴까 하는 충동을 다시금 누르고 말았다. 그녀 모르게 숨겨온 사실을 이제 털어놓는다는 것은 병약해진 누님에게 아무런 도움이 되지 않을 것이기 때문이다. 병색이 짙어 회생하리라는 기대라곤 할 수 없는 참담한 모습인데 곱게 빗어 넘긴 머릿결에서 옛날의 아름다웠던 모습이 잠시 그녀를 스친다. 무상한 세월 속으로 흘러가 버린 그녀의 청춘을 되새기며 돌아 나오는 마음이 애잔했다.

육십년대 중반, 그녀의 고향집과 멀지 않은 곳에서 내가 군 생활을 하고 있었다. 어느 일요일, 가까운 군 동기생 J군과 함께 내 외가인 그녀의 집엘 간 적이 있었다. 우리는 스물세 살이었고 한 살 위의 그녀는 내가 동생이듯 J에게도 내게 하는 것처럼 자연스럽게 대했다. 세련되지 않은 갈색 피부와 반짝이는 눈동자가 은은한 매력이었던 그녀는 여학교를 마치고 집에서 가사를 돌보고 있을 때였다.

J의 주된 화제는 그의 고향인 항구도시에 관한 것이었다. 그녀는 도시에 비해 낙후되었지만 고향사람들의 순박한 인심에 애정이 간다는 이야기를 하면서 청춘의 한때를 보냈다. 군인이라는 신분으로 국가의 부름에 매여 있기는 했어도 스물세 살 젊음의 열기는 군 생활의 고단함보다는 즐겁고 행복한 나날이 더 많던 시절이었다. 병영에서 한 주간을 보낸 토요일 오후에 그녀가 우리 부대 앞으로 찾아오기도 했고 별빛 곱던 여름밤 그녀의 마을 앞을 흐르는 남한강 상류의 흰 모래밭에 앉아 낭만에 젖기도 했다.

제대를 일 년쯤 앞둔 1967년 초에 친구 J는 월남 파병에 차출되어 특수훈련을 받기 위해 강원도 오음리로 떠났다. 군에서 사귀게 된 친구였으나 그와의 작별은 내 지체 중 하나를 떼어 내는 듯한 아픔이었다. 월남에 파병되는 사실을 그녀에게는 비밀로 해 달라는 J의 부탁을 나는 성실하게 지켜주었다. 1년 후 돌아와서 제대하고 그녀에게 청혼을 하겠노라던 그였지만 결론을 이야기하자면 그는 그해에 전사하여 40년의 세월이 흐른 지금은 한강물이 내려다보이는 동작동 국립묘지에 안장된 채 무한의 세월을 보내고 있는 것이다.

당연히 소식이 없는 J에 대한 궁금증을 그녀는 내게 하소연했다. 그가 다른 부대로 전출된 이후엔 내게조차 소식이 없다는 거짓 답변으로 일관했는데 그 충격적인 사실을 받아들이기엔 너무나 약하고 여린 감성을 가진 여인이기 때문이었다.

제대와 함께 바빠진 나날로 J에 대한 아픈 기억은 점차 잊어버리고 있었다. 맺어질 수 없다는 첫사랑의 속설쯤으로 매듭짓고 인생수첩에서 지워버렸을 줄 알았던 그녀의 순정은 아마도 평생을 J에 대한 미완의 사랑을 그리며 살아온 듯싶었다. J의 죽음으로 소식이 끊긴 지 1년쯤 지난 봄날 노부모의 성화에 못 이겨 이웃도시의 청년과 결혼을 한 그녀에게 혼란을 주지 않기 위해 함구한 것이 오늘에 이른 것이다.

휘파람새의 울음소리가 끊어졌다가 또 이어진다. 결혼을 앞둔 약혼녀의 죽음으로 평생을 수절했다던 전설 속의 도공은 한 마리 새가 되어 못다 한 사랑을 나누었을까. 휘파람새의 애절한 울음소리에 자꾸만 마음이 쓰인다.

"J는 아직도 소식 없지?" 대답을 기다릴 것도 없이 잠깐 동안 쓸쓸한 미소를 보내던 그녀의 표정은 아직도 내 머릿속에 남아 있다. 운명하기 한 달 전쯤 그녀는 내게 그렇게 묻고 그 겨울을 나지 못한 채 눈을 감았다. 사랑을 꽃 피워 보지 못한 채 불귀의 먼 길 떠난 옛 친구 J와의 못다 한 이야기를 그들은 저 세상에서 이어가고 있을까.

별빛 고운 산마을에 휘파람새는 오늘도 애절하게 울고 있는데……

2005. 4.

잃어버린 지갑

1.

포항에 사는 친구가 과메기 한 상자를 보내왔다. 마침 토요일 오후
라 뭔가 별식이 생각나던 차에 잘되었다 싶어 저녁에 먹기로 했다.
과메기와 함께 곁들여야 하는 부족한 양념을 사러 아내와 함께 마트
에 갔다. 걸어가도 되는 가까운 거리인데도 자동차를 가지고 간 것은
얼른 다녀와서 시장한 속을 채우려는 의도에서였다. 다른 것은 집에
있다며 물미역과 쪽파 두어 단을 바구니에 담고 나가다가 막걸리 한
병도 담았다. 자동차를 타고 간 것에 비해서 싱거운 쇼핑을 마치고
다시 돌아오게 되었다.

아내는 산 물건을 들고 차에서 내려 먼저 우리가 사는 층으로 올라
갔다. 나는 지하에 주차를 시키고 천천히 올라갔다. 시간은 흐르고 과
메기와 막걸리 서너 잔을 마시고 나니 기분도 좋고 포만감으로 평안
한 여유도 느끼며 손자의 재롱을 즐기고 있었다. 그런데 아내는 날더
러 "혹시 내 지갑을 못 봤느냐"고 묻는다. 마트에서 계산을 한 뒤부터
지갑의 행방이 묘연해졌다는 것이다. 나야 운전만 하며 따라갔고 계
산은 당신이 했으니 알 리가 없잖느냐고 했더니 정말 그렇다며 여기
저기를 찾는 모습이 부산해 보인다.

있는 대로 먹고 끝냈으면 좋았을 텐데 다녀오지 않은 것만 못한 사태가 발생한 것 같다. 아내는 마트에서부터 자신의 행동을 꼼꼼히 되짚어보는 눈치다. 날더러 다시 마트까지 가서 확인해 보자는 것이다. 시간이 늦기 전에 다시 그곳에 들러 자초지종을 말하고 혹 지갑 떨어진 것 있으면 달라고 했다. 그런 일 없었다는 점원의 말에 되돌아 나오려는데 우리보다 더 답답한 내색을 하던 직원이 제안한다. 그렇다면 CCTV로 확인해 보자는 것이다. 다녀간 지가 얼마 안 되었기 때문에 금방 우리들의 모습을 찾았다. 속일 수 없는 우리의 과거인 잠시 전의 장면이 나오는데 아내는 계산을 마치더니 손에 지갑을 들고 밖으로 나가는 모습이 선명하게 비친다. 마트에서는 가지고 나온 것이 분명하다.

곰곰이 생각하던 아내는 차에서 내리면서 지갑은 무릎 위에 두고 쇼핑백만 들고 차에서 내렸다는 사실을 기억하게 되었다. 얼른 차고로 내려가 자동차 운전석 옆자리를 확인했으나 차내에는 없다. 그렇다면 차 밖에 떨어진 것이 확실하다. 정차했던 곳이 엘리베이터 타러 들어오는 현관문 앞이었고 우리가 들어오고 난 뒤에도 많은 주민들이 그 길을 통행했을 터이니 비록 어두운 밤이지만 아직도 남아 있을 리가 없다. 그래도 못 잊어 그곳을 확인하나 역시 아무런 소용이 없었다. 허탈했지만 모든 잘못은 자신에게 돌리고 집으로 올라왔지만 마음이 심란하고 지갑 속에 들어 있던 현금이나 카드에 대한 미련으로 편안할 수가 없었다. 과메기 곁들여 마신 막걸리의 취기도 금방 깨었다.

아내는 지갑 속에 들어 있던 내용물에 대해서 정확하게 알고 있었다. 현금 13만 9천 원과 현금카드 그리고 웃고 있는 손자의 사진과 주민등록증이 들어 있다는 짝퉁 구찌 지갑에 대한 미련을 쉽게 포기하지 못했다. 왜 안 그러겠는가. 들어오는 돈이라야 빤한 처지라 수입과 지출에 대한 대차대조가 늘 불안한 노년을 보내고 있는 이때에 잃어버린 현금에 대한 가치를 쉽게 포기할 수 없다는 것은 당연한 것 아닌가.

"좀 비싼 과메기 먹었다 생각합시다." 가망성 없는 일이다 싶으면 포기하거나 단념하기를 쉽게 하는 나로서는 다시는 생각하지 말자며 다른 이야기로 그를 위로하려 하지만 끈질긴 집념으로 그녀는 편한 잠을 이룰 수가 없을 것이다. 아내는 그 시간에 관리실로 연락해서 방송을 해 달라는 주문을 하고 있다. 그런데 마침 토요일 밤이라 직원은 모두 퇴근하고 기계실을 담당하는 늙수그레한 밤 근무자 한 분과 통화하는 눈치다. 담당 직원이 퇴근한 후이기 때문에 지금 방송을 할 수 없다는 좀 퉁명스럽다 싶은 대답을 들었나 보다. 전화를 내려놓더니 혼잣말처럼 말한다. "주인 찾아줄 생각이 있는 이가 습득했다면 방송하지 않아도 가지고 온다니 그럼 방송은 할 필요도 없다는 말이야 뭐야." 지갑 안에 들어 있었다는 현금카드는 그 밤으로 분실 신고와 함께 사용정지를 신청하고 나니 그나마 안심이 되었다.

이튿날은 주일이다. 교회에 갈 준비로 다른 날보다 좀 일찍 일어났다. 아내는 밤새 한잠도 이루지 못했다고 하면서 마지막으로 내게 한 가지를 주문하는 것이었다. 분명히 우리가 살고 있는 7동 출입문 앞에 떨어트린 것 같으니 지갑을 주운 이도 우리 동에 사는 이가 틀림없을 것이다. 그러니 엘리베이터에 공지문 한 장을 써 붙여 달라는 것이다. 내가 명색이 수필가이니 내용적으로 호소력 있게 써 붙여서 반드시 찾아줄 마음이 생기도록 해 달라는 의미인 것 같았다. 소용없는 일이라면서 그만두라고 하고 싶었지만 마지막이라는데 그런 것쯤

들어주지 못할 이유는 없다. 교회에 가는 시간에 쫓겨 볼펜으로 적당하게 써서 붙였다. 어젯밤 6시경 7동 출입문 앞에서 지갑을 떨어트렸습니다. 만약에 이것을 습득하시고 주인에게 돌려주려 애쓰시는 분이 계시거든 연락해 주시기 바랍니다. 이거 찾지 못하면 우리 마누라 죽습니다. 그러고는 아내의 전화번호와 7동 801호라고 썼다. 읽어보면 아시다시피 나는 순전히 가망 없어 웃음거리가 될 것 같아 반 농담 삼아 써 붙이고 교회로 향했던 것이다.

차 안에서 나는 아내에게 말했다. "어차피 찾을 수 없을 것 같으니 그만 잊는 게 어때?" 그러나 무엇보다도 만 원짜리 열세 장과 천 원짜리 아홉 장에 대한 미련을 쉽게 버릴 수 없어 했다. 예배는 한 시간 남짓 이어졌는데 아마도 아내의 머릿속에 설교말씀은 한마디도 들어가지 않았을 것이다. 나도 잊으려 하나 문득문득 떠오르는 아까운 생각을 억지로 누르며 예배시간을 보냈다. 그러면서 기도하는 시간에 언뜻 한마디하고 넘어갔다. 잃어버린 아내의 지갑을 찾게 해주셔서 저 무거운 마음에서 해방시켜 주세요…… 아멘…….

돌아오는 길에 아내에게 물었다. "당신 요즘 십일조 헌금 제대로 하고 있나? 절기 헌금도 좀 넉넉히 하면 좋잖아 그게 다 깨우쳐 주시느라……" 말을 다 마칠 새도 없이 아내의 반격을 받았다. "내 걱정 말고 당신이나 잘해." 나 역시 잘하는 게 없는 것 같아서 더 이상 계속하진 않았다. 증명서는 다시 발급받으면 되고 카드는 이미 사용정지 신고를 했으니 더 이상 손해 볼 일은 없고 다만 현찰 십삼만 구천 원이 아깝다는 것인데 그것도 며칠 지나면 잊힐 것이라는 내 말에 그렇다고 인정은 하면서도 깨끗하게 떨쳐 버릴 수는 없나 보다. 넓고 깨끗하게 새로 닦아놓은 진접 신도시 고속화 도로를 달려 집으로 향하고 있었다.

2.

그런데 바로 이때 아내의 휴대전화에 벨이 울렸다. "여보세요. 네, 네 그런데요. 네, 네 맞아요. 아이고, 고맙습니다. 고마워요. 맞아요. 현찰도 들어 있고 카드도 있어요. 아 네, 잠시 후에 댁으로 갈게요." 좁은 차 안이 떠나가도록 큰소리로 통화를 끝내더니 희색이 만면한 표정이 된다. 듣고 보니 501호 할머니가 어젯밤에 지갑을 주웠는데 확인하지는 않았지만 잠깐 들여다보니 현찰도 얼마 정도 들어 있고 카드도 있었다는 것이다. 이것을 줍고 나니 왠지 겁이 나서 더 이상 가지고 있지를 못하고 얼른 경비실에 신고를 하고 맡겨 놓았다는 것이다.

아내의 표정이 금방 해처럼 빛이 났다. 결국 그녀가 마지막이라며 제시했던 방법대로 적당하게 써 붙인 엘리베이터 안의 농담 같은 글귀를 읽고 바로 전화를 걸어 알려 준 것이다. 세상의 온갖 근심거리가 다 해결된 것 같고 어둡고도 막막한 터널 안으로 햇볕이 쏟아지는 것처럼 밝은 기분이 들었다.

같은 아파트에 오래 살았어도 이웃을 모르고 지내기는 우리도 남들과 다름없었다. 가끔씩 단지 안에서 손자로 보이는 아이를 데리고 한가하게 서성이는 노인들 곁을 지나치기는 했어도 그들이 어느 동에 사는 주민인지에 대해서 신경도 쓰지 않았고 그럴 필요도 없이 지내왔다. 그런데 우리도 어린 외손자를 맡아 키우고부터는 아이를 데리고 놀이터나 어린이집을 보내기 위해서 아파트 안길을 왕래하는 일이 많아지고 보니 자연히 같은 처지의 이웃들과 알고 지내게 되었다. 사람 살아가는 방법이나 처해진 형편은 크게 다를 바가 없어 우리가 살아가는 내용과 대동소이한 이웃들이다.

지금 전화를 걸어준 501호 할머니도 손자아이 양육 때문에 딸 내외와 함께 살고 있다. 그 댁 손자도 우리 아이와 함께 같은 어린이집에 다니고 있으니 관심사가 같고 생활 패턴도 비슷한 부분이 많아 가깝게 대하며 살고 있다. 그런데도 서로의 이름은 모르고 있었다. 그냥 윤우할머니 또 그 집 아이 할머니로만 기억하고 그렇게 호칭하면서 지내고 있는 중이다. 농사철에는 그 댁에서 심심풀이로 재배했다는 오이나 호박 그리고 포대에 담은 옥수수를 가지고 왔다. 그리고 우리는 지난 가을에 재배한 총각김칫거리 무를 주고받으면서 선한 관계를 유지하며 지낸다.

501호 할머니는 엘리베이터 안에 써 붙여진 메모에 적혀 있는 전화번호를 보고서야 우리 집이라는 것을 알았다는 것이다. 길에서 주운 지갑이 바로 801호 할머니 것이라니 참 절묘하게 되었다며 그쪽에서도 즐거워하고 있단다. 그 지갑 속에는 주민등록증이 있으니 펼쳐 보았으면 알 수도 있었을 텐데 확인할 것도 없이 경비실에 전해주고 왔다는 그들의 양심은 우리도 본받아야 할 것이라고 그녀의 심성을 칭찬했다. 아무도 모르게 주운 지갑 안에 현금이 들어 있다. 나 외에는 아무도 모른다. 액수야 고하간에 사람의 마음을 자칫 바람직스럽지 않은 길 쪽으로 유혹하는 것이 정당하지 않은 돈의 속성이다. 세상을 떠들썩하게도 만들고 개인은 물론 사회까지도 병들게 하는 각종 비리도 대개는 검은돈 때문에 일어난다. 그런데도 501호 할머니는 유혹의 굴레에 빠질 것도 없이 청렴하게 행동했다. 겨울철 저녁 여섯 시가 지나서라면 주위는 완전하게 어둠이 깔린 뒤다. 그 어둠 속에서도 자신의 양심을 지켰다는 것은 그가 갖고 있는 평소의 인품이나 신념이 아니고 무엇이랴.

고마운 성의에 보답하는 마음으로 귤 한 박스를 샀다. 신도시 넓은 아스팔트길을 달리는데 상쾌한 기분만큼 페달 밟는 촉감이 상쾌하다. "아까 예배시간에 하나님께 기도를 했더니 역시 빠르게 응답해 주시네"라고 말했더니 아내 역시 기도했다고 한다. 왜 안 그렇겠는가. 동네 근처 마트마다 조사해서 가격이 조금이라도 저렴한 곳만 찾아서 한 푼이라도 아끼며 살아가는 것이 습관이 된 여인이 그런 거액을 잃고 가만히 앉아 되어가는 꼴만 보고 있을 리는 없다. 역시 우리가 믿고 사는 하나님은 우리와 함께하신다며 감사한 마음으로 귀가를 서둘렀다. 집으로 올라갈 것도 없이 경비실로 향했다. 그러한 아내의 뒷모습을 바라보며 나는 자동차 안에서 기다리고 있는데 불현듯 무언가 순조롭지 않은 일이 생길는지도 모른다는 예감이 드는 것이었다. 경비실로 들어간 아내는 쉽게 나오지를 않는다. 불길한 예감은 대개 적중하는 경우가 많다.

3.

한참이 지나서야 경비원 아저씨의 허리 숙인 경례를 받으면서 아내가 나온다. 되찾은 지갑을 손에 들고 기쁘지 않은 표정으로 나 있는 자동차 쪽으로 걸어온다. 무언가 심상치가 않다. "왜 무슨 일이 생긴 거요?" 아내는 일단 집으로 들어가자면서 아무런 말이 없다. 마음속으로 이 사태를 어떻게 해결해야 할 것인가를 궁리하고 있는 것이 분명하다. 갑갑했지만 나도 아무 말 하지 않고 집으로 올라갔다. 아내는 냉수 한 컵을 벌컥 벌컥 마시고 나더니 그제야 입을 뗀다. 지갑 안에 있던 현금 십삼만 구천 원 중에서 천 원짜리 아홉 장만 남고 만 원짜리 열세 장은 없어졌다는 것이다.

어떻게 된 일일까. 먼저 생각해 봐야 할 것은 이러한 사건이 발생할 수 있는 어떤 개연성이다. 맨 처음 주운 이는 501호 할머니다. 그런데 지갑 속은 자세하게 들여다보진 않았지만 돈이 들어 있다는 것만 확인하고 그냥 경비실에 맡겼다고 했다. 그렇다면 습득한 장소와 시간이 중요하다. 왜냐하면 혹 다른 이가 먼저 주웠다가 속에 들어 있는 현금만 빼고 다시 길에 던져 버렸을 가능성도 배제해서는 안 되기 때문이다. 그렇다 해도 납득할 수 없는 것은 그 어떤 이라 해도 지갑 속에 들어 있던 현찰 전부가 아닌 만 원짜리 열세 장만 빼내었을까 하는 의문점이다. 천 원짜리는 필요하지가 않았다? 그것은 납득할 수가 없는 추리다.

아내는 귤 한 박스를 들고 501호로 내려갔다. 그동안 나는 커피 한 잔을 내려 마시면서 편하게 앉아 11시부터 시작하는 진품명품 텔레비전 프로를 시청하고 있었다. 잃어버린 지갑을 찾는다는 문제에 대하여 나는 그리 신경도 쓰지 않았지만 찾을 수 있으리라는 기대도 갖지 않았다. 그렇기 때문에 전액을 다 찾지 못한다 하더라도 크게 섭섭할 것도 없는 어설픈 방관자였다. 한참 뒤에 아내가 올라왔다. 무슨 말이 오고갔는지 기대가 된다.

501호 할머니도 우리 못지않게 기뻐하고 있더라고 했다. 그런데 지갑 안에 있던 현금 중 만 원짜리는 없어지고 천 원짜리 아홉 장만 남았더라고 했더니 할머니는 우리보다 더 아까워하면서 그럴 리가 없다는 것이다. 분명히 만 원짜리 몇 장까지 십여 만 원은 족히 될 것이라고 생각을 했는데 모두 없어졌다는 우리 말에 이해가 안 된다고 했다. 지갑을 주운 장소는 우리가 차에서 내린 바로 그 자리가 틀림없다고 했으니 습득한 시간은 중요치 않다. 그렇다면 다른 누구도 이것을 손에 넣었던 이는 없다. 그런데 지갑을 경비실에 맡기고 온 당사자는 그 댁 할머니가 아니고 남편 되는 나만큼 늙은 영감님이라는 것이다. 마침 그분은 지금 출타 중이기 때문에 자초지종을 알 수는 없지만 귀가 후에 확실하게 묻겠다고 했다는 것이다.

물건은 "잃어버린 이가 더 죄가 많다"라는 말은 수많은 선인들이 경험하고 느끼고 공감한 바에 의한 결론일 것이다. 왜냐하면 어떠한 물건을 도둑질해 간 범인이 있다면 그는 남의 물건을 훔친 사실 한 가지만의 죄가 성립한다. 그러나 물건을 잃어버린 측에서는 범인이 확인될 때까지는 아무런 혐의가 없는 선한 이웃들까지도 의심하게 되기 때문이다. 할머니의 완벽한 정직성은 이번 일로 검증되었으니 당연히 제외하고라도 그분이 전해준 지갑을 가지고 가던 영감님 마음속 어떤 검은 그 무엇이 작용해서 만 원짜리 열 세장을 중도에서 가로챈 것은 아닐까. 이런 망령된 생각까지 하기에 이르렀다. 그렇다고 나와 내 아내를 너무 부도덕하고 싸가지 없는 속물로 몰아세우진 말기 바란다. 왜냐하면 그것이 보편적인 인간의 속성이고 그러한 망령된 추리는 곧바로 취소하고 오히려 죄스럽게 생각했기 때문이다. 그러니까 잃어버린 측이 더 죄가 많다고 하지 않던가.

오후에 접어들자 501호에서 전화가 걸려왔다. 남편 되는 영감님이 외출에서 돌아왔다는 것이다. 그리고 그날 할머니의 손을 떠나 경비원에게 전달되었던 과정의 자초지종을 물어 상황을 정리할 수 있었다고 했다. 지갑을 경비실에 맡긴 영감님은 "이 지갑 안에 돈이 얼마가 있는지 확인도 하지 않은 채 곧바로 가지고 왔으니 주인이 찾으러 오거든 돌려주라"고 했다는 것이다. 이 대목을 우리는 되새겨야 할 것이다. 그렇다면 누구도 쉽게 추리할 수 있다. 용의자 검거는 시간문제만 남은 셈이다. 경비실을 혼자서 지키고 있던 늙은 경비원 아저씨는 지갑

안에 있던 돈의 액수는 확인하지 않았다는 501호 영감님 말씀을 듣고
만 원짜리 열 석장은 자기의 주머니 속으로 빼돌렸을 것이다.

그런데 이분도 원래는 정직하고 올바른 사회구성원이었을 것이다.
다니던 직장에서 정년으로 퇴직한 뒤에 살림이 어려워졌을 것이고
많지는 않아도 모아 놓았던 노후자금은 1남 2녀를 위해 다 썼을 것이
다. 세 아이 결혼시키고 분가하는 데 도와주고 생활이 궁핍해졌을 때
이곳 경비원으로 취직이 되었다. 어려운 살림은 마찬가지 인데다가
아내는 오랫동안 만성 신장병이나 심한 관절염으로 자리에 누워 투
병하고 있는 형편일 것이다. 퇴근길에 모처럼 아내가 좋아하는 파인
애플이나 캘리포니아산 오렌지라도 넉넉하게 사 가려고 만 원짜리
몇 장에 잠깐 양심을 팔았을 것이다.

나는 평생 직업이 수사관이나 어떤 사건의 전말을 조사하고 징계
를 해야 하는 분야에 종사하지 않은 것이 다행이다. 내 자신보다는
나 외에 다른 사람의 형편에 대해서 더욱 고민하고 배려하고 싶은 심
성인 것을 떠올리면 내 본연의 직업에 충실하지는 못했을 것이기 때
문이다.

한참 있다가 501호 할머니에게서 다시 전화가 왔다. 경비실에 전화
를 넣었는데 마침 그날 근무했던 담당자는 오늘 비번이기 때문에 본
인과는 통화하지 못했지만 오늘 근무자에게 어지간하게 야단을 치고
으름장을 놓은 모양이었다. 이 일을 그냥 넘기지 않고 관리실에 연락
하고 경찰에 고발해서 확실하게 짚고 넘어갈 것이라며 동료 경비원
에게 호되게 겁을 주었다고 한다. 글쎄 이런 경우가 경찰이 개입해서
의법 조치까지 할 만한 사안인지에 대하여는 모르겠지만 "지갑 안에
만 원짜리 열세 장을 확인하고 우리 영감한테 보냈는데 그 돈이 없어

진 것에 대해서 어떻게 설명할 것이냐"라고 추궁했더니 전화 받은 이
는 내일 당사자에게 그대로 전하겠다면서 해결해 드릴 것이라는 대
답만 되풀이하더라는 것이다. 이와 같은 경우를 보더라도 잃어버린
측이 더 죄가 많다는 결론은 지당한 말씀이다. 아무런 문제없이 자기
직분에 충실하던 경비원인데 이번 일로 해서 그는 아마도 해고당하
고 말는지 모른다.

　읽는 이들이 지루해할 터이니 이제 그만 이 글에 마무리를 해야겠
다. 이튿날 아침나절 나는 일찍 외출을 하고 난 뒤였는데 담당경비원
이라며 우리 집을 방문했다고 한다. 선량해 보이는 인상에 비교적 젊
어 뵈는 경비원이 정복을 입고 금테 두른 모자까지 단정하게 쓰고 우
리 집 벨을 누르더라는 것이다. 자초지종을 말할 것도 없이 그는 아
내의 지갑 속에서 꺼냈음직한 바로 그 만 원짜리 열세 장을 곱게 접
은 채 아내에게 전해 주면서 "미안하게 되었습니다. 그런 경우 대개
찾아가는 이가 없어서 이번에도 그러려니 하고 그런 실수를 했습니
다. 용서해 주십시오"라며 정중한 사과를 하더라는 것이다.

　그는 부당하게 이득을 취하려던 당사자라고는 전혀 믿어지지 않을
만큼 친밀감까지 들더라고 했다. 아내는 돌아가려는 그의 손에 만 원
짜리 석장을 쥐어 주면서 "감사합니다. 퇴근하실 때 부인께 과일이라
도 사다 드리세요"라고 했다는 것이었다. 정말로 그분의 부인은 와병
중인지도 모를 일 아닌가.

　그가 돌아가고 난 다음에 아내는 501호 할머니에게 전화를 걸었다.
덕분에 잃어버린 지갑과 지갑 속에 들어있던 전액을 찾은 것에 대해
서 감사하다는 인사말과 함께 "이번 일은 여기서 끝내는 것이 좋겠
다"고 했다. 그것은 그 할머니가 관리소장에게 압력을 행사해서 해당

경비원을 인사 조치해야겠다는 계획을 고려하거나 취소하는 편이 좋겠다는 우리의 입장을 전한 것이었다. 만약에 담당 경비원 한 분을 해고시킨다고 우리에게 무슨 소득이 돌아오랴. 아니 소득이 돌아온다 하더라도 한 사람을 생업의 일터에서 내몰리게 하면서까지 내 소득을 원치는 않는다. 다만 그가 종전과 다름없는 자세로 자신의 자리에서 충실하면서 앞으로도 혹 있을는지 모를 우리와 같은 주민들에게 좀 더 정직한 모습으로 대해 주기만을 바랄 뿐이다.

2011. 12.

작은 일

　이발을 한다는 것은 일상생활 중에서 비교적 작은 일이다. 각자의 개성에 따라 차이는 있지만 대개 한 달에 한 번 정도 이발관을 찾게 되니 작은 일이라 하는 것이다.

　한데 이발이란 것이 사람의 손에 의해서 이루어지는 것이라 기능과 솜씨에 따라 잘 될 때도 있고 그렇지 못할 때도 있게 마련이다. 이발 후의 상쾌함은 남자들의 호사 중에 하나인데 어느 한곳이라도 흡족치 않은 부분이 있을 때면 누구라도 태연할 수가 없다. 머리를 깎는다는 것이 일상생활 중에 작은 일인 데 비해 개운치 않은 마음은 한참 동안 계속된다.

　이 마을에 들어와 살면서부터 읍내에 있는 이발소를 이용해 왔다. 처음 몇 번은 대중목욕탕에 딸린 이발의자에 앉아 머리 손질을 받기도 했고 맘에 드는 다른 곳을 찾아다니며 이발을 했다. 그러나 어딜 가도 만족스럽지 않은 것이 너무 짧게 깎여 지거나 자연스럽지 않아 마음에 거슬림이 일곤 했다. 인생의 오후 길에 접어든 지금쯤 한낱 작은 일 따위에 초연해질 만도 한데 정작 신경이 쓰이는 것을 어찌하랴.

　읍 중심가에서도 좀 떨어진 아파트 상가에 있는 이발소 간판을 발견한 것은 우연이었다. 처음이라 조심스럽게 찾아들어간 그곳은 내 나이쯤 된 주인과 아내인 듯 고운 인상의 여인이 함께 손님을 맞고 있었다. 이발을 하는 동안 눈을 감은 채 그냥 잠자코 있으려 하나 묻지 않는 이런저런 이야기를 한다. 내가 구름마을에서 왔다고 하자 그보다 더 먼 곳에서도 찾아오는 손님이 있다고 한다. 서울 강남이나 특급호텔에서도 이발을 한 경력을 자기 자랑처럼 소개하는데 꾸며대는 말처럼 들리지는 않았다.

이발이 끝날 때까지 잠자코 있는 것은 특별한 주문이 없기 때문이다. 어찌해 놓던 그의 가위질에 동의한다는 의미이기도 하다. 모든 절차가 끝나고 거울을 보는데 어디 나무랄 데가 없다. 뒤쪽이나 옆면을 보아도 거슬리는 곳 없이 잘 마무리되었다. 집에 오니 내 머리를 바라보는 아내의 눈길도 곱다. 지금까지 이발한 중에서 제일 낫다며 만족해한다. 그 후로 근 3년간 그 집을 이용했다. 줄잡아 1년에 열 번만 해도 30번 이상 같은 집에서 같은 이에게 이발을 했으니 나중에는 가까운 이웃이나 친구처럼 대하게 되었다.

지난달 이발을 하기 위해서 그곳을 들어서는데 분위기가 좀 달라진 것을 느꼈다. 거울 달린 장식장이 새것으로 들어섰고 의자와 커튼이 다른 색으로 바뀌었다. 손님을 맞는 안주인의 얼굴도 젊은 여인으로 변했다. 기물이야 돈만 주면 새것으로 바꾸겠지만 아내까지도 어디서 새것으로 바꾼 것인가. 그러고 보니 가위를 들이대는 이발사도 젊은이로 바뀌었다. 먼저 주인이 그만두고 다른 이가 주인이 되어 있었던 것이다.

다시 돌아나갈 용기도 없었지만 기왕에 들어왔으니 이발 의자에 앉아 낯선 이에게 머리를 맡긴다. 영업소를 인수한 새 업주에게 전 주인은 어디로 옮겼느냐고 묻는 것이 인사도 아니거니와 묻는다고 바르게 일러줄 것 같지도 않아 근황을 묻지는 않았다.

이발을 하는 동안 그는 띄엄띄엄 말한다. 먼저 주인 그는 면허증도 없는 뜨내기 이발사라는 것과 떠돌아다니며 몇 년 영업을 하다가 자격증이 없는 것으로 문제가 발생하면 당장 다른 곳으로 날아가 버린다며 그에 대하여 폄훼(貶毁)하여 말한다. 눈을 감고 앉아 있는 내게 그에 대한 험담을 계속한다. 아무려나 머리나 잘 깎으면 된다며 동요를 느끼지 않았지만 이발을 끝내고 거울을 들여다보니 자연스럽지가 않은 것이 먼저 그의 솜씨만 못하다.

달포쯤 지나 머리카락은 다시 길어졌어도 주인 바뀐 이발관을 다시 찾는 것이 내키지 않았다. 바람 빠진 고무공처럼 탄력 없는 나이에 단정치 못한 머리 꼴로 일상을 보내던 어느 날 읍내 은행에 볼일을 마치고 나오다가 먼저 이발을 해주던 안주인 여인을 만났다. 근처 아파트에 살고 있다더니 이런 우연한 기회에 그녀를 만나게 된 것이다. 반가운 마음은 그쪽도 마찬가지인 듯 은행 대기의자에 앉아 그동안의 지나온 이야기를 듣게 되었다.

남편의 이발업을 돕고 있던 아내는 몹시 병약한 체질이라 했다. 혼자서는 꾸려나갈 수 없는 이발관에 종업원을 채용했었으나 인건비를 지급하고 남는 액수로는 생활이 너무 빠듯하여 아내가 종업원의 자리를 대신했었다는 이야기, 피곤함이 누적되면 또다시 병원신세를 져야 하는 악순환이 계속되어 고심 끝에 내린 결정이었다는 것, 점포 인수인계 거래가 신속하게 이루어지기도 했지만 기존 고객의 프리미엄까지 계산된 상거래상 광고할 수 없었던 상황을 이해해 달라고 했다.

무자격에 대해서도 설명을 한다. 그가 서울 강남의 사우나 이용업소 몇 개를 운영하고 있을 때 자격증 갱신기간을 놓쳐서 결국 취소가 되었다는 이야기, 다시는 필요치 않을 것이라는 판단에 재교부를 받지 않았는데 또 다른 사업에 욕심을 부린 것이 원인이 되어 업체가 도산하기에 이르렀다. 살아나갈 최선의 방책으로 다시금 가위를 손에 잡았다는 그간의 사연을 진솔하게 이야기한다.

이발관 처분 후 40일간 집에서 쉬는 동안 자격증은 다시 취득했다고 한다. 여종업원이 필요치 않은 어느 목욕탕에 이용업소를 개업했다는 소식을 들으니 내 일처럼 안심이 되었다.

새로 온 젊은 이발사가 먼저 주인에 대한 악평을 내게 말했듯 어떤 고객에게도 같은 내용의 험담을 했는데 듣고 있던 그는 불의를 외면하지 못하는 혈기 있는 정의파이었는지 자리에서 벌떡 일어나며 머리 손질 받기를 거절했다는 소식을 들었다고도 했다. "면허증 있는 당신보다 그의 솜씨가 훨씬 좋더라." 쏘아주고 그곳을 나왔더라는 이야기를 전하는 그녀의 말은 거짓이 아니었을 것이다.

주일 예배 설교 중 예화로 들은 이야기가 생각난다. 여행 중인 한 사람이 머리를 깎기 위해서 이발관에 들어갔다. 이발사가 묻는다. "어디로 여행을 가시나요?" "로마에 갈 것입니다." "그 도시는 더럽고 사람들은 불친절하고 뭐 볼 것 있나요?" "그래도 나는 로마에 가서 교황님도 만나고 그분이 집전하는 미사에도 참석할 것입니다." "교황님이 당신을 만나줄 것 같습니까. 그분은 당신 같은 여행객을 만나줄 만한 인격자가 아니라오."

이발을 마친 여행객이 돌아가고 한두 달 후에 다시 찾아왔다. 그를 알아본 주인이 그에게 인사하며 묻는다. "그래 로마엔 다녀오셨나요?" "예 다녀왔습니다." "그래 교황님은 만나 보셨나요?" "예, 만나

뵙고 인사드리고 미사에도 참석했습니다." "그래 교황님이 뭐라고 하시던가요?" "다른 말씀은 별로 없었고 '그 머리는 어디서 깎았는지 참 형편없게 깎았군요'라고 하십디다." 의미를 생각하면 웃어넘길 수만은 없다 싶어 내 삶의 태도를 되돌아본 일이 있었다.

말이란 메아리 같아서 부끄러운 말은 부끄러운 대답으로, 자랑스럽고 감사한 말은 복되고 기쁜 소리로 되돌아온다는 평범한 진리를 작은 일을 통해서 새삼 깨달았다.

2004. 5.

환갑의 약속

    아내는 친정 오라비의 환갑잔치에 갔다. 아무도 없는 빈집을 지키는 호젓한 하루가 기울어가고 있다. 낙엽 쌓이는 소리가 들리는 산마을의 정취가 인생의 가을처럼 고적하다. 세월을 흐르는 물에 비유한다더니 환갑의 나이는 다가오지 않을 것 같던 내 청년 시절은 덧없이 흘러가 버리고 어언 고희의 나이를 바라보게 되었다.

    고향 친구들을 만났다는 아내는 좀 늦을 것이라며 전화를 걸어왔다. 혼자의 시간을 보내면서 상념에 젖다 보니 세상을 떠난 친구 K군과의 추억이 떠오르고 그 부인에 대한 안부도 궁금해진다.

    삼십 년도 더 지난 옛날 일이다. 군에서 제대하고 사회에 첫발을 내디딜 무렵, 나와는 동갑에 생일까지도 비슷한 입사동기 K군과 가깝게 지내게 되었다. 그는 충청북도가 고향이지만 서울에서 대학을 졸업한 관계로 도시생활에 꽤 익숙한 편이었다. 그러나 교우관계는 다양하거나 원만치는 않아 보였다. 나와는 일주일 내내 함께 지내다시피 했는데 사물에 대한 예리한 감각으로 업무는 물론 가정생활에 대한 지혜까지도 자상한 주부 이상이었다.

    어디서나 앞서가던 그에게는 치명적 단점이 있었다. 처음 몇 번은 우연한 이유로 상황이 그럴 수밖에 없었던 것으로 인정하기도 했다. 그러나 술자리가 있을 때마다 반복되는 행태로 보아서 예사로 넘길 일이 아니라며 주위의 친구들이 그를 경계하기 시작했다. 그는 취흥이 도도해질 무렵에는 합석했던 친구나 옆 좌석의 다른 팀과 이유 같지 않은 이유로 시비를 벌이고 마침내 난장판을 만들기 일쑤였다. 그러나 이튿날 아침에는 맑은 정신으로 출근해서 어제의 일을 기억하지 못하며 맡은 일을 능숙하게 처리했다.

그럼에도 그와 나는 점점 가깝게 지냈다. 그는 내 뜻이라면 어떠한 상황이나 경우에도 믿고 따라 주었다. 나와 동석한 자리에서는 그가 냉정한 이성의 소유자답게 행동했으며 혹 설전이 난무해 폭력으로 치닫기 일보 직전에라도 나의 중재에 흔쾌하게 정돈해 주기도 했다. 그는 업무적으로 유능한 엘리트 사원이었지만 나쁜 술버릇으로 인해서 우정을 주고받을 만한 좋은 동료를 잃어가는 외로운 사내였다.

흐르는 세월은 친구 K군을 결혼 적령기까지 데려다 주었다. 어느 날 퇴근 후 그와 혼담이 오간다는 한 여인을 소개받게 되었다. 순박하면서도 지적으로 보이던 그녀는 친구와 한 고향 실력가의 장녀이며 서울에서 직장생활을 하고 있다고 했다. 술 취하지 않은 상태에서 친구의 행동은 빈틈을 보이지 않아 완벽하고 깔끔한 신사일 뿐이었다. 매사에 예리한 관찰력과 사물에 대한 정확한 판단력은 결혼 상대자로서 결격 사유가 없었다. 일상에서 겪는 이야기를 허물없이 주고받던 그날은 우리에게 유쾌하고 소중한 시간이었다.

그 뒤 어느 날 친구의 여인으로부터 한 통의 전화를 받았다. 나를 만나고 싶다는 것이다. K군에게는 알리지 않는 조건으로 시간을 내 달라는 것인데 마음 한편에서 느껴지는 무거운 마음은 무엇인가. 동

대문 밖 어느 찻집에서 그녀를 만났고 내가 예상하고 있는 일이 아니었으면 좋겠다는 우려는 그대로 적중했다.

난처한 질문을 던져놓고 그녀는 어떠한 답변을 기대할까. 불확실한 미래에 대한 결정을 내리기에 그녀는 몇 가지 조건에서 무리함을 느끼고 있었다. 그와의 결혼을 결정하는 데 객관적인 의견을 듣기 위해 내게 도움을 청한다는 것이다. 그러한 그녀의 심정이 이해된다는 것은 친구에 대한 일종의 배신이 아닌가. 하긴 나쁜 술버릇으로 인한 가정폭력의 파괴력은 요즈음도 흔히 일어나 사회적 문제로 비약하는 것을 보면 그날 나는 옳은 충고를 했어야 했나 보다.

"결혼해서 가정과 자녀가 생기면 좋아지겠지요……." 그녀의 판단에 아무런 도움이 되지 못할 의견을 말했을 뿐이다. 그 겨울이 지난 이른 봄 그들의 결혼식은 이루어졌고 그 후 삼십 년 가까이 살아오면서 그녀는 수없이 후회를 반복하는 결혼생활을 하게 되었다. 그날 그녀는 내게 말했었다. 오늘 우리가 만났던 이야기는 삼십여 년 뒤 환갑날 웃으면서 공개하자고 제안했으나 결과를 말하자면 우리는 환갑까지 교우하지 못했다. 외줄타기와 같은 불안한 결혼생활은 친구의 죽음으로 이미 종말을 고하고 말았기 때문이다.

우리의 환갑을 몇 년 앞둔 어느 가을날이었다. 친구 K군이 입원 중이라는 소식은 뜻밖이었다. 두어 달 전에 만났을 때도 건강이 넘치던 그가 무슨 중병이란 말인가. 그러나 병상에 누운 그의 모습을 보고는 회복하기 힘들 것이라는 것을 예감하게 되었다. 3기만 되었어도 고칠 수 있을 것이라는 주치의의 말을 내게 전하는 부인의 허탈한 모습 속에는 삼십 년 전의 모습은 찾을 수가 없었다. 평탄치 않았던 세월의 흔적만 남아 있을 뿐……

그해가 가고 새해를 맞이한 그 이튿날 그는 먼 곳으로 갔다. 대기업 이사의 장례다운 많은 조화의 향기와 가는 날까지 곁에 있었던 친구인 내 조사(弔辭)를 들으며 그는 이 세상을 떠났다. 평소에 그와 가깝게 지냈던 동료는 물론 소원하게 지내던 옛 친구까지도 참석한 장례식이 차가운 날씨 속에서 치러졌다. 잘못 맺어진 만남으로 풍파 많은 부부의 연이 끝나는 날 폭설로 인해 서울은 모든 것이 백색으로 덮였다. 지난날은 다 지우고 잊으라는 하늘의 뜻인가.

　만약 그 여인이 나의 충고를 올바로 들었다면 그들의 인생은 다른 모습으로 변했을는지도 모른다. 나의 견해를 물어오던 날 나는 분명하게 말했었다. "좀 더 신중하게 생각하세요." 그러나 갑자기 커졌던 음악소리 때문이었는지 따르고 싶지 않은 내 충고 때문이었는지 그녀는 "뭐라고 하셨어요?"라고 다시 확인했다. "결혼해서 가정과 자녀가 생기면 좋아지겠지요……." 그녀의 결정에 아무런 도움이 되지 못하는 의견으로 고쳐 말해 놓고 30년 가까이 그들을 지켜보고만 있었던 것이다.

　홀로 된 그 여인은 지금 어디서 어떻게 살아가고 있는지……. 늦가을 오후가 뒷산 숲속으로 잦아들었어도 강 건너 화야산 정상은 늦은 햇살과 단풍으로 더욱 붉게 타고 있다.

2006. 10.

윤우의 감성

생후 30개월 된 외손자 윤우 이야기다. 아이의 지능이나 신체적 발육이 정상적으로 이루어지고 있어 늘 감사하며 산다. 월령(月齡)에 따라 관심사가 변하는 것은 성장하고 있다는 증거일 것이다.

한동안 자동차와 자동차를 주제로 한 애니메이션에 빠져 지낸다 싶었는데 이제는 차량의 명칭에도 관심을 갖게 되었다. 최근엔 아파트 주차장에 세워진 승용차의 이름을 묻기에 보이는 대로 알려주었더니 길에서 만나는 차량을 보면 '저건 아반떼, 저건 소나타, 저건 에스엠 파이브' 이런 식으로 알아맞힌다.

하루는 할아버지가 타고 다니는 차의 이름을 묻는다. 장난기가 발동해서 '벤츠'라고 알려주었더니 아이의 머릿속에 그대로 입력이 되었다. 할아버지 차는 누가 묻더라도 벤츠라고 대답한다. 길에서 혹 내 차와 동일한 자동차를 발견하면 "저기 벤츠 간다"며 즐거워한다.

실은 내 차는 딸아이가 시집가기 전에 타고 다니던 준중형차인데 결혼하면서 사위가 새 차를 구입하고 나에게 인계한 낡은 자동차다. 장난삼아 알려 준 내 거짓이 약간 마음에 걸린다. 이 사실을 조금이라도 만회하려면 지금이라도 진짜 벤츠 승용차를 구입해야 하는 문제가 생겼다.

아이를 종일 방 안에만 데리고 있자니 갑갑해한다. 가끔씩 밖으로 데리고 나가면 강아지처럼 뛰며 좋아한다. 그러나 즐겁게 뛰는 것은 아이일 뿐, 그 모습을 바라보며 따라다니는 어른들 마음은 달리는 자동차도 위험하고 혹 넘어져 무릎이라도 깨질까 불안하다.

한번은 세발자전거를 태워 아이를 데리고 나갔더니 엘리베이터를 나서자마자 포장도로를 달리는 것이다. 급하게 쫓아갔지만 아이는 이미 시야에서 사라졌다. 벽을 돌아 눈에서 보이지 않게 된 것이 불안했지만 설마설마 했다. 그러나 아니나 다를까 곧이어 아이의 자지러지게 우는 소리가 들린다. 쫓아갔더니 이미 비탈길을 달리다가 자전거를 탄 채로 시멘트 바닥으로 굴러 얼굴에 상처가 나고 피가 흐르고 있다. 어린아이 하나 제대로 못 본다며 아내한테 한소리를 들은 건 그만두더라도 아이의 얼굴에 상처가 아물기까지 보름 남짓 내가 다친 것 그 이상으로 마음이 아팠다.

아이들이 자라면서 넘어지고 다치고 무릎이 깨지는 것은 정상적인 성장과정이다. 그러나 그것보다 걱정인 것은 눈앞에서 보이지 않게 될까봐 더 신경이 쓰이는 것이다. 정말로 스스로 찾아올 수 없는 곳으로 사라져 버리면 어쩔까 하는 방정맞은 상상도 하게 된다. 염려가 되어서 전화번호와 이름이 쓰인 목걸이를 만들어 걸어 주라고 아이 어멈한테 주문한 적이 여러 번이다. 대답은 들었는데 여태 만들어 오지 않는 것은 나름대로 바쁘게들 살고 있으니 시간이 나지 않아서 그럴 것이다.

윤우가 추석 연휴 일주일간을 어미와 함께 지내고 돌아왔다. 그런데 전에 없었던 습관이 생겨났다. 밤이 이슥해져 사위(四圍)가 조용해질 때면 어미 생각에 젖는 것 같다. 그날도 자리에 누워 추석 지낸 하현달 밝은 빛을 가만히 내다보던 아이가 갑자기 "엄마가 보고 싶어……"라면서 흐느껴 운다. 그동안 제 집에서 어미의 사랑을 듬뿍 받고 온 까닭에 그 정을 잊지 못하기 때문일 것이다. 여생이 얼마 남지 않은 나도 이런 날이면 옛일이 떠오르고 생전의 어머니도 그리워지는데 하물며 이제 만 세 살이 채 안 된 어린아이가 어찌 어미 품이 그립지 않으랴. 어린 심정을 이해하다 보니 나 역시 한참 동안이나 구슬픈 기분에 젖게 되었다.

선친께서 돌아가신 그해 말에 군 입대를 하게 되었다. 첫 추위가 시작되던 날 집을 떠나 입대자 집결지로 향하는 나를 보내면서, "너까지 군에 가고 나면 나는 적적해서 어떻게 살아갈까 모르겠다"라며 눈물지으시던 어머니가 눈에 선했다.

논산 훈련소 황토바람이 사납게 몰아쳤고 고단한 훈련이 날마다 계속되는데도 힘든 것도 모른 채 홀로 사시는 어머니가 그립고 측은했다. 달빛 교교한 어느 날 밤 고단한 육신인데도 잠이 오지 않아 창밖으로 새어 드는 달빛을 바라보며 소리 없이 눈물짓던 반세기 전의 내 모습이 떠오른다.

며칠이 지나자 딸아이는 윤우의 이름과 보호자 전화번호가 새겨진 목걸이를 사들고 왔다. 어린이들이 좋아하는 만화의 캐릭터 모양인 금속판에 어미의 연락처와 아이의 이름이 예쁘게 새겨져 있었다. 이것을 목에 걸어주면서 아이에게 이른다. "윤우야, 밖에 나가서 놀다가 집을 잃어버리게 되거든 '여기 엄마 전화번호 있어요'라고 말해야 한다. 알았지?" 처음엔 곧잘 대답을 한다. 주입시키기 위해서 몇 번이고 반복해 가르쳐 주었더니 아이가 심각한 표정을 짓는다. "윤우가

밖에 나갔다가 엄마 아빠를 잃어버리게 되면 어떻게 해야 할까"라고 물었더니 갑자기 엄마 품으로 달려들어 "엄마 사랑해요"라고 말하면서 통곡을 한다.

윤우의 감성이 정말로 엄마를 잃어버려 거리를 헤매고 있는 자신을 상상했나 보다. 그런데 어미를 잃어버린 상상은 아이만 한 것이 아니었다. 아이에게 몇 번이고 주입을 시켜주던 어미도 두 눈이 발갛게 충혈되면서 아이를 꼭 껴안는다. 곁에서 듣고 있던 할미와 나까지도 험한 상상에서 벗어날 수가 없어 목이 메는 슬픔에 한동안 촉촉한 분위기가 되었다.

뜻하지 않은 사연으로 아이를 잃고 살아가는 많은 부모들의 심정은 어떠할까. 비록 상상 속에서 아이를 잃었을 뿐인데도 이토록 불쌍하고 서러운데 어느 낯선 곳에 자식을 잃어버리고 전국을 헤맨다는 많은 부모들의 아픔은 어떠하랴. 선인(先人)들은 아이를 길러 보지 않고는 감히 어른이라 말할 수 없다고 했다. 윤우 어미도 명색이 어미이지만 우리 부부의 딸일 수밖에 없는 영원한 어린아이일 뿐이다. 그러나 윤우를 키워가면서 조금씩 어른으로 성숙해가고 있는 것이 아닐까.

전자제품이고 진열장 안이고 손에 닿는 대로 휘젓고 잡아당기는 천둥벌거숭이, 무엇이든지 손에 잡히는 대로 누르고 두드리고 돌려보는 호기심 때문에 수시로 망가트리기도 하고 설정해 놓은 복잡한 음향기기를 어긋나게도 한다. 그래도 신경이 쓰일 뿐 밉지는 않다. 내 핏줄이니 그러하지 아무런 연관이 없는 아이가 그렇게 소란을 피우면 가만히 있지는 않을 것 같다.

2010. 10.

부끄러운 사랑이야기

십수 년 만에 친구가 찾아왔다. 그의 아내와 함께 기차로 왔다는 전화를 받고 역전으로 향하는 중인데 그는 벌써 내가 사는 곳을 향해 이만큼 걸어오고 있었다. 이 친구는 젊은 시절에 같은 직장에 근무하면서 각별하게 지내던 사이다.

막국숫 집에서 점심을 먹고 집으로 들어와 이야기꽃을 피웠다. 사회 초년시절에 겪었던 웃지 못할 실수로 상사에게 혼나던 이야기를 해도 지나간 이야기는 아름답기만 하다.

그가 문득 우리의 추억이 담긴 흑백 사진 서너 장을 내놓는다. 가깝게 지내던 동료들과 고궁에서 찍은 스냅 사진들인데 모처럼 나와 옛 기억을 더듬어 보자고 가지고 온 것이라 했다. 세월 따라 사람은 가도 남는 건 사진뿐이라더니 몇 장의 사진에서 옛일이 새롭게 떠오른다. 친구는 그중 한 장을 내 눈앞에 들이대면서 자세히 보라고 한다. 나와 친구 사이에 어떤 여인이 서 있는데 눈이 침침해 잘 안 보인다.

"자네 여자 친구였나 보다" 했더니 그는 펄쩍 뛰면서 아니라는 것이다. 바로 내가 사귀던 여인이라고 한다. 돋보기를 쓰고 자세히 들여다보니까 미니스커트를 입고 백색 하이힐을 신은 모습이 지금 보아도 제법 세련된 모습이다. 곁에는 친구의 부인과 내 아내도 함께 있어 대답을 기다리는 눈치다. 잘 모르는 여인이라며 나는 얼버무렸다.

오후 세 시가 지나자 돌아갈 기차 예약 시간이 되었다며 그들은 자리에서 일어났다. 앞으로는 자주 만나자 했고 그는 그러마고 약속을 했지만 이제까지 살아온 것처럼 우리의 현실이 어디 그리 쉽게 오갈 수가 있겠는가. 그가 돌아가고 난 뒤 서산으로 넘어가는 가을 햇살을 바라보는데 사진 속 그녀와의 추억이 떠오른다. 지금도 가슴 한구석에서 때로는 아프게도 하고 때로는 부끄럽게도 하는 여인. 그런데도 오늘 그녀를 모른다며 또 한번 비겁한 모습을 보였다.

이십 대 후반. 결혼 적령기가 되어 한 여인을 알게 되었다. 언제 만나도 조용한 성품과 겸손해 보이는 태도에 마음이 끌렸다. 몸에 붙는 청바지와 베이지색 코트가 잘 어울리던 그녀에게 마음의 전부를 주기로 했던 것은 성격이나 외모에 별 흠잡을 데가 없다고 생각되어서였다. 환경에 관한 이야기나 감정의 표현을 극도로 자제하던 그녀에게 내 심경을 고백하게 된 것은 그해 가을이었다.

단풍이 곱게 물들어가던 산정의 호수와 무성한 갈대밭이 내려다보이는 언덕에서 하루해를 보내고 내려오는 길에 그녀는 처음으로 내 팔짱을 끼었다. 비탈진 곳을 내려오면서는 나 또한 그녀의 손을 잡기도 하고 어깨를 자연스럽게 감싸 안기도 했다.

함께 걸으며 발걸음의 폭이 적당하게 맞는 것이 참 좋았다. "앞으로도 평생 지금처럼 함께 걷고 싶어. 누가 앞서지도 뒤서지도 않은 채 인생을 우리 둘이서 함께 걸었으면 좋겠어." 그때의 감정을 숨김없이 말했던 내 속을 진솔한 사랑의 고백으로 받아들였다며 그녀의 마음도 나를 향하게 되었다. 그날부터 지인들에게 소개하며 분홍빛

앞날을 설계하기에 이르렀다. 친구를 동행하여 고궁에 들러 셋이 함께 사진을 찍은 것도 그 무렵이었으리라.

그녀의 어머니께 청혼 겸 인사를 드리러 갔다. 아버지는 연전에 타계하셨고 1남 2녀 중 둘째인 그녀와 아직도 어린 남동생과 셋이서 함께 생활하고 있었다. 손위 언니는 현재 지방에 거주하고 있다고 말하는 그녀의 표정이 그리 밝아 보이지는 않았다.

며칠 뒤에는 나 또한 그녀를 내 가족들에게 소개를 하게 되었다. 홀어머니와 여동생 그리고 이미 출가한 두 누님이 가족의 전부였던 내 조건은 지금 생각해도 내세울 만한 것은 아니었다. 스커트의 길이와 머리모양 하며 립스틱 색깔에 이르기까지 신경을 쓴 그녀는 우리 집 대문을 조심스럽게 들어섰다.

뜰에 나와서 우리를 기다리던 누님이 먼저 그녀를 맞았다. 그런데 그 때 내 누님과 그녀의 만남의 순간은 지금까지도 잊지 못할 영상이 되어 스톱모션으로 남아 있게 되었다. "아! 바로 너로구나." 이미 그녀를 잘 알고 있었던 누님과 한자리에 앉아 저녁 식사도 했지만 중요한 손님을 맞는 정중함보다는 이웃을 대하듯 일상적인 이야기를 나누고 돌아가게 되었다. 그런데 내게는 언뜻 좋지 않은 예감이 스치는 것이었다.

어느 여인이 남편을 폐결핵으로 잃고 다른 마을로 이사를 갔다. 슬하에는 과년한 두 딸이 있는데 그들 역시 폐가 좋지 않아 큰딸은 경남 마산에 있는 요양원에서 가료 중이라는 딱한 사정을 언젠가 누님에게 들은 적이 있었다. 그들 중 둘째딸이 바로 내가 사랑하는 여인이라니. 생각해 보니 그녀 역시 가끔씩 잔기침을 할 때가 있어서 오랜 감기로 고생한다고 판단한 나는 몇 번인가 감기약을 권한 적이 있었다. 누님이 그의 사정과 형편을 잘 알게 된 것은 그녀의 어머니와는 여러 가지 가정사를 함께 의논하며 지내던 가까운 이웃이었기 때문이다.

그때만 해도 폐결핵은 많은 사람들의 생명을 앗아가는 난치병이었다. 이날부터 우리 집안에서는 그녀 가정의 병력을 염두에 두고 부정적 견해를 보이게 되었다. 남녀가 진실로 사랑해 장래를 약속했다면 상대가 어떠한 지병으로 괴로워하더라도 초심(初心)을 저버려서는 안 되는 것이 사랑의 통념이며 속성이며 선택해야 할 바른길이라는 것을 낸들 왜 모르겠는가.

몇 개월이 지나갔다. 그러나 보이지 않는 벽에 부딪히게 된 우리는 더 이상 회복할 수가 없는 관계로 변해갔다. 어떠한 난관이라도 헤쳐 나갈 수 있을 것 같았고 또 그래야만 했을 사랑의 감정이 이성적으로도 판단해야 할 결혼에 있어서는 현실과 타협하지 않을 수 없어 결국 부끄러운 결정을 하기에 이른 것이다.

허다한 삶의 흔적들에 묻힌 추억 속의 여인을 이제는 잊을 때도 되었다. 그러나 내 부끄러운 사랑은 궂은날 신경통처럼 가슴을 찌르는 가시로 남아 있다. 이 시점에서 만일 길을 가다가 우리가 우연히 마주친다 하더라도 나는 그녀를 외면할 것이다. 왜냐하면 나로 인하여 그녀에게 옛일을 기억하게 해서는 안 되기 때문이다. 또한 그녀는 사랑에 용감한 배필을 만나 평생을 사랑받으며 다복하게 살았어야 한다. 그리하여 나 같은 남자쯤 기억 속에서 말끔히 지워 버렸기만을 바랄 뿐이다.

짧은 하루가 가고 어둠이 내려온 산마을에 밤바람이 차갑게 분다.

2008. 10.

Part 03
곤줄박이

박씨 어르신의 여자친구

올해 여든여섯 되신 이 어른의 이야기를 또 한다. 사람은 보는 것만큼 생각하고 생각한 것만큼 느끼는 것이니 가깝게 살아가는 이웃이고 이 어르신의 생활이 자꾸만 눈에 보이니 느끼는 대로 이야기를 하는 것이다.

지난여름의 더위는 가히 살인적이었다. 그러나 처서, 백로를 지낸 산골 날씨는 한기를 느낄 만큼 선선해졌다. 건강하게 지내신 노인은 선들바람이 부는 뜰 앞 평상에 나와 활기 있는 여유를 즐기신다. 집 앞을 지나면서 쥐똥나무 울타리 너머로 인사를 드리면 반색하며 좀 쉬었다 가라며 손짓해 부르신다.

가끔 그늘 아래 앉아 함께 시간을 보낼 때도 전혀 지루하지가 않다. 그만큼 정신이 건강하고 고루함이 없어 주고받는 대화가 신선하다. 미국에 살고 있는 따님이 보내주었다는 초콜릿도 내어오고 중국 여행에서 돌아온 며느리가 가져왔다는 녹차에 물을 부으며 무엇이라도 대접하기를 기뻐하신다. 그러나 지나며 느낀 것은 입맛에 달콤한 먹을거리보다는 무료함을 달래줄 만한 소일거리와 정을 나누며 이야기할 수 있는 말 상대가 필요한 것이라는 것을 쉽게 알 수 있었다.

며칠 전 주일날 교회에 다녀오는 낮 시간이었다. 어르신 댁 앞 느티

나무 그늘 아래서 어떤 젊은 여인이 채소를 다듬고 있는 모습이 보였다. 약간 먼 곳이기도 하고 또 자동차를 타고 지나온 까닭에 그대로 집으로 올라오고 나서야 누구일까 의아한 마음이 일기 시작했다. 며느리라면 좀 나이가 들어 뵈었고 이민 가 산다는 따님이라 하기엔 어딘가 어울리지 않는 분위기다. 아랫마을의 어떤 이와도 별다르게 가까이 왕래하는 것을 보지 못한 것을 생각하면 이웃 아낙은 더욱 아니다.

오늘 아침에 어르신으로부터 전화가 왔다. "옥수수를 다 땄는데 시간 있을 때 내려와 몇 자루 가져가라"는 말씀이다. 고맙기는 하지만 여름내 애써 키우신 것을 가지러 가는 것이 죄스러워 한참을 망설이는데 다시 전화를 주셨다. 올 때 기다란 각목이 있거든 한 개만 가지고 내려오라신다. 닭장 문을 손질하려 한다는데 실은 내가 쉽게 내려올 것 같지가 않으니까 거부할 수 없는 이유를 주시는 듯싶었다.

내가 대문을 들어서자 검은 비닐봉지에 넣어 냉장고에 보관했던 옥수수를 꺼내어 내어주신다. 무게나 부피로 보아 한 포대는 실히 되는 것을 받아들었다. 느티나무 아래 평상에 앉아 그간의 이야기를 나누게 되었다. 지난여름의 극심했던 더위와 보안법 폐지논란에 관한 시국 이야기며 건강에 관한 상식을 화제로 삼다가 내 귀를 의심할 만한 이야기를 들었다. "나 요즘 여자 친구 생겼어." 분명히 이렇게 들었다. 칠십 년쯤 전에 지났음직한 청춘의 향기가 노인의 눈빛에서 살짝 풍긴다. 약간은 수줍고 겸연쩍은 듯한 표정으로 조심스럽게 내 반응을 살핀다. 무슨 말씀이냐고 물으니 감추어 두었던 소중한 보물이라도 보여주듯 상기된 표정으로 그간의 내용을 펼치신다.

지난봄이었다고 했다. 아직 새 풀잎이 돋아나기도 전인데 젊은 아낙 둘이서 노인의 담 너머 빈 밭에서 나물을 찾고 있었다. 햇살 밝은 거실 창가에 앉아 무료한 시간을 보내던 노인의 시야에 그녀들의 모습은 의외의 자극이었을지도 모른다.

노인 쪽에서 먼저 말을 건넸다고 했다. 그들은 봄맞이 햇볕도 쏘일 겸 냉이나 쑥이라도 뜯는다고 서울에서 나들이 온 여인들이었다. 대개의 남녀가 처음 만날 때의 인사가 그렇듯이 "차라도 한 잔 하고 가라"고 하시는 노인의 청을 거절하지 않은 것은 자연스러운 반응이었으리라고 생각했다. 노인의 외모나 언어행동은 언제나 그렇게 순수했다.

통성명이 끝났다. 준비해온 도시락을 꺼내어 점심식사를 함께 하면서 셋이서는 점점 가까워졌다고 했다. 아마도 노인에게서 풍기는 교양과 친근한 인간미가 그녀들 마음의 빗장을 풀게 했을 것이다.

그중 한 여인은 삼십대 중반에 남편을 잃고 십여 년을 자식 키우는 것을 낙으로만 알고 살아 왔다고 하더란다. 사십대 중후반을 지나며 막내딸보다도 앳된 젊음을 유지하고 있는 여인을 향하여 노인으로서는 행여 누(累)가 될 만한 상상을 하지도 않았다고 했다. 심심할 때 튕겨 보는 노인의 클래식 기타 연주를 들으며 세대 차이는 조금씩 무너져 갔을 것이다.

그 후부터 휴일이면 한 여인이 찾아오곤 했다. 두 여인 중 좀 더 젊고 살갑게 대하며 노인에게 연민의 눈빛을 보내던 사십대 중후반의 여인이라고 했다. 준비해온 음식으로 함께 식사도 하고 햇볕 밝은 거실에 앉아 지나온 이야기를 하고 듣기도 했다. 아내와 사별한 삼년 전 이후 참말로 오랜만의 따뜻하고 달콤하기도 한 대화의 시간을 보냈을 것이다. 자식으로서도 어찌할 수 없었던 외로움의 문제가 한 여인에 의해서 해결되고 있는 것이 진정 다행으로 생각되었다. 이삼 일에 한 번쯤은 전화 통화를 하고 일요일이나 휴일이면 어김없이 찾아와 주는 그녀를 기다리며 '나는 행복한 늙은이'라며 진심을 고백했다고 하신다.

　연전에 막을 내린 <전원일기>라는 TV 드라마 이야기다. 극 중 김 회장이 나이 들어 삶의 의미가 시들해졌을 때의 이야기로 기억된다. 중년에 이른 자식들에 대한 애착이나 기대감도 그러하거니와 새로울 것도 없이 늘 그 자리에서 변함없는 아내에 대한 감정이 오히려 삶의 권태로 이어질 때다. 장남인 김 과장은 읍내 요릿집으로 아버지를 초대한다. 그리고 미모와 교양이 잔잔하게 흐르는 주인 마담을 소개하면서 친구로 지내실 것을 조심스럽게 권유한다. 좋은 이성친구란 삶의 의미와 가치관마저도 긍정적으로 변화시키는 묘약성이 있기 때문이다.

　73세의 괴테가 19세의 소녀 울리케와 사랑을 나누고 청혼했던 사실은 널리 알려진 고전이다. 나이는 물론 국경까지도 초월한다는 사랑의 감정은 동서고금이 다를 바 없는 사랑의 속성인 듯싶다.

　"진심으로 축하드립니다. 오래도록 좋은 친구로 지내시기 바랍니다." 인사를 드리고 나오는 마음속 한쪽으로 다가오는 석연치 않은 우려는 무엇인가. 고목을 감아 올라간 덩굴장미의 빨간색 꽃잎 사이에 숨겨 있어 심장까지 파고드는 가시는 없을까. 말년의 노인에게 의도적으로 접근해서 갖은 방법으로 마음을 빼앗고 결국엔 말할 수 없는 상처를 주고 날아가 버린다……. 그러나 더 이상은 비약하지 않기로 한다. 그것은 산에서 산 지 수년이 지났어도 속물 근성을 버리지 못한 위인(爲人)의 터무니없는 기우에 불과한 것일 테니까.

2006. 7.

들꽃다발

한가위, 참 좋은 절기다. 특히 올 추석은 여러 날 연휴가 계속되어 많은 사람들이 국내로 해외로 가족동반 관광여행을 떠난다고 한다. 그러나 우리 아이들은 어젯밤 제 부모가 사는 이곳 구름마을로 찾아 왔다. 빈대떡이며 송편을 빚으며 제 어미를 도와 제법 분주하게 움직 이는 모습이 보기에 대견스러웠다.

추석날 아침, 일찍 일어난 나는 차례예배를 준비한다. 성경구절을 찾고 찬송가를 준비하고 신앙을 권면하기 위한 메시지를 작성한다. 그 런데도 아이들은 한밤중이다. 모처럼 출근하지 않아도 좋은 날 일찍 일어나라고 채근하지 않는 것은 아이들을 사랑하는 아비의 배려다.

남는 시간에 집 밖으로 나가서 상쾌한 공기를 마신다. 산마을의 아 침공기는 혼자서 느끼기 아까울 만큼 청량하다. 주변 가득히 가을 야 생화가 무리지어 피어났다. 노란색 감국(甘菊), 취나물 하얀꽃, 연노란 색 달맞이꽃, 보라색 쑥부쟁이, 검붉은 금잔화, 진분홍색 물봉숭아, 잔잔한 망초꽃, 심어놓은 분홍색 과꽃, 이것들을 한 아름 섞어 묶었는 데 생각보다 우아한 꽃다발이 되었다.

아내는 꽃보다는 상추, 열무, 얼갈이배추를 더 좋아하는 재래식 여인이다. 지금은 주방을 드나들며 갈비찜도 만들고 해파리 무침이나 토란국도 정성껏 끓이고 있다. 예배 끝나고 얼른 아침식사를 마쳐야 한다. 그래야 성묘를 떠날 수 있기 때문이다. 아내 혼자서만 바쁘게 움직이고 있다.

돈 한 푼 들이지 않고 순전히 야생화로 만든 꽃묶음을 아내에게 선물했다. 부끄러운 고백이나 결혼 후 처음으로 아내에게 꽃을 안겨준 것이다. 그것도 장난기 섞인 마음으로……

그런데 아내의 반응은 장난이 아니다. 그녀는 진심으로 소중하게 받으면서 고마워한다. 백자 도자기를 꺼내어 깨끗하게 부시더니 새 물로 채우고 거기에 내가 만든 야생화 꽃다발을 정성껏 꽂아둔다.

아내도 옛날엔 그렇지 않았다. 한 끼 식사는 건너뛰어도 햇볕 좋은 창가에 앉아 그윽한 커피 향을 즐기며 노란색 프리지어를 사랑하던 여인이었다. 그러던 그녀가 세 아이 대학 공부와 남편 사업의 뒷바라지로 젊음을 다 보내고 나더니 이렇게 구식 아줌마로 변한 것을 안다.

아이들이 일어나자 아빠가 만들어준 야생화 꽃다발을 자랑 삼아 설명한다. "아빠가 만들어준 추석선물이야. 어떠니? 신선하지?" 꽃보다는 채소를 더 좋아하는 재래식 여인이라며 아내를 폄하했던 나는 이 여인을 얼마나 아는가. 나는 진정 이 여자의 남편인가. 웃음기를 띠우며 듣고 있던 나는 공연히 콧날이 시큰해졌다.

2006. 9.

곤줄박이

　아파트 건물 벽 아래쪽에서 새소리가 요란하다. 아직 어둠이 채 가시지 않은 여름날 새벽인데 새 한 마리가 다급하게 울부짖는다. 저것이 사람의 목소리라면 위험에 처했을 때 누군가에게 도움을 청하는 비명(悲鳴)일 것이다.

　날카롭고 애절한 소리가 들리는 쪽으로 다가갔더니 화단 배롱나무 아래 곤줄박이 두 마리가 보인다. 한 마리는 바닥에 쓰러져 실신한 듯 날개만 퍼덕이고 또 한 마리는 쓰러져 있는 새의 날갯죽지 사이를 부리로 쪼아대는 것으로 보아 경각에 달린 목숨을 살리려 응급처치라도 하는 것 같다.

　어쩌다가 이 지경이 되었는지는 확인할 길 없으나 쓰러져 있는 새는 기력을 회복할 가망성이 없어 보인다. 연약한 부리 외에는 사용할 수 있는 다른 지체가 없는 가련한 새 한 마리는 죽어가는 다른 새에게 도움이 되지 못한다. 절박한 신호음을 듣고 같은 종의 또 한 마리의 새가 날아와 앉았으나 이놈 역시 도울 길이 없기는 마찬가지다. 가깝게 다가갔더니 한 녀석은 나를 경계하다가 나뭇가지 위로 날아가 버리고 한 마리만 쓰러진 새를 일으키려 애쓰고 있다. 한낱 미물이긴 해도 숨을 거두려는 가족을 품에 안고 도움을 청하는 것 같아 안타깝지만 인간의 힘으로써도 어찌할 수 없기는 마찬가지다.

"아가씨, 죽지 마. 숨 쉬어봐! 얼른 숨 쉬어……." 십 년도 더 지난 옛날, 아무도 없는 듯 고요한 산속의 기도원 골방에서 생명이 꺼져가는 시뉘를 품에 안고 절규하던 아내의 처절한 모습이 또 내 앞을 가로막으며 가슴을 찢는다. 그날도 오늘과 같은 여름날의 새벽이었다.

주위에 의료시설은 물론 인적마저 없어 누구의 도움도 바랄 수 없었던 참담했던 그 새벽, 아내는 죽어가는 내 여동생인 시누이를 품에 안고 숨 쉬라며 눈을 뜨라며 안타깝게 울부짖었다. 올케의 절규와 부르짖음으로 잠깐 눈을 뜨고 아내를 바라보던 누이는 입가에 알 듯 모를 듯 가볍게 미소를 보내면서 올케언니의 손을 가만히 잡았다.

시누이와 올케 사이로서 서로가 아끼고 인격적으로 존중하던 두 사람 간 생전의 가족관계가 조용하게 끝나가는 순간이었다. 잠시 전까지만 해도 자신을 위한 간병으로 애쓰는 올케에 대한 고마운 마음을 비교적 정확한 발음으로 표현하던 동생은 잡았던 올케언니의 손을 힘없이 놓고는 먼 길로 떠났다. 동생의 죽음은 우리가 일평생 겪은 아픔 가운데 가장 큰 슬픔으로 가슴 한가운데 큰 구멍을 남겨 놓았다.

세월이 한참 지난 지금까지도 기쁜 일이나 궂은일을 당할 때에는 먼저 생각나는 아쉬운 사람, 잊힐 수 없는 작별의 허망한 상처가 오늘 아침 곤줄박이 한 마리로 인해서 또다시 가슴을 울린다.

특별한 이유 없이 결혼적령기를 넘기고 있던 동생은 하나님을 섬기는 신앙생활에 남다른 열정을 보였다. 비교적 밝은 앞길이 보장되었던 공직의 길을 미련 없이 버리고 신학을 공부한 것은 그녀의 나이

삼십대 중반쯤이었다.

대학에서 신학 공부를 마치고 한 교회에서 목회자의 과정을 밟아 가던 중이었다. 많은 성도들의 사랑과 선배 목회자로 하여금 관심과 기대를 받으면서 목회일선을 지켜가던 어느 날 평소에 꿈꾸어 오던 일이라며 소외된 이웃을 위한 무료 양로원 설립 의사를 통보해 왔다.

온 가족은 하나같이 반대의 의사를 밝혔다. 그러나 마음속으로 이미 결정했고 어느 정도의 진척을 이루고 있던 동생의 계획을 아무도 말릴 수는 없었다. 자신이 살고 있던 아파트와 다른 사재를 정리하여 강원도 춘천시 외곽에 노인들이 거처할 만한 집 한 채를 마련하고 의탁할 곳 없는 어르신들을 모시게 되었다.

늦어지는 막내딸의 혼기에 대한 걱정으로 기도하던 어머니는 전혀 예상치 않았던 소식에 가장 많은 만류의 이유를 달았다. 하긴 다른 일도 아니고 의지할 곳 없는 노인들에게 주거와 침식을 책임져야 할 어렵고도 험한 일을 자청하겠다니 대견스러운 일이기는 하나 걱정하지 않을 수 없었을 것이다.

결혼하면 신접살림 밑천으로 주어야 한다며 자질구레한 살림도구부터 크고 작은 가전제품에 이르기까지 많은 것을 준비해 놓고 결혼 대상자를 데리고 올 날 만을 기다리던 어머니의 당연한 우려였다. 그 무렵 어머니는 막내의 생일날만 되면 의미 있는 성찬을 차려 주곤 했다. 이번이 결혼 전 집에서 보내는 마지막 생일이 될는지도 모른다는 아쉬움과 기대감에서였다.

좋은 반려자를 만나 가정을 이루고 여인의 모습으로 살아가는 동생을 보고 싶었던 것은 어머니뿐만 아니라 우리도 마찬가지였다. 그러나 지금 생각하면 동생은 인생의 목표와 이상을 다른 가족들에 비해서 한 차원 높은 곳에 두고 있었던 것이 분명했다.

사소한 일상생활에 대해서 이야기 들은 적은 없지만 아마도 먼 곳에 새로 들어와야 할 식구가 생기는 경우도 있었을 것이다. 성격으로 보아 밤을 도와서라도 그들을 데려왔을 것이고 새로 들어온 노인들을 씻기고 입히며 마음을 안정시키기 위해서 여러 가지 시도로 편하게 쉬지는 못했을 것이다.

많은 가족들의 의식주뿐만 아니라 갖추어야 할 관청의 행정업무까지도 도맡아야 했던 동생은 아마도 피곤이 누적되지 않았나 싶다. 어느 날 가족 중 어르신 한 분의 심한 감기 증상으로 도립병원에 동행했던 날, 평소에 안면 있는 의료진에게 자신의 피곤함을 문의하게 되었다고 했다. 동생의 사회적인 헌신을 존경과 연민의 눈으로 응원하던 병원 내과 과장의 진찰을 받게 되었고 곧 건강의 이상 징후를 알게 되었다.

가족 중에서 마음을 터놓고 의논할 만한 오라비인 내가 있어 위안이 된다고 했다. 그것은 자신의 의사를 가장 존중해주기도 할 테지만 끝까지 책임져 줄 붙이이며 보호자이기 때문이다. 당분간 어머니에게는 비밀로 해줄 것을 약속하고 곧 정밀검진을 받았다.

그러나 결과는 돌이킬 수 없는 진행으로 단 몇 개월의 시한부라는 통보를 받았을 뿐이었다. 별다른 치료방법을 찾지 못한 채 동생은 자신의 믿음대로 깊은 산속 기도원을 찾게 되었고 그곳에서 금식하면서 운명하는 날까지 신앙에 의지했다. 병세의 심각성을 짐작했던 우리 내외는 모든 일을 접어둔 채 막내의 기도 생활을 위해서 산에서 함께 지냈다.

그 여름날의 새벽, 곤줄박이 한 마리는 이내 싸늘하게 식어갔다. 결혼 상대를 데리고 올 날만을 고대하던 어머니의 기대감을 저버린 채, 가정에서 버림받은 철없는 어린이들을 거두어야 할 책임을 외면한 채, 먹여주고 씻겨주어야 겨우 생활을 유지할 수 있는 지적 장애아들의 수족의 역할을 거둔 채…… 치매와 중풍으로 고통 중에 있는 의탁할 곳 없는 어르신들을 남겨 두고 그날 아침 동생은 그렇게 떠나갔다.

전도사이고 운영자였으며 학생들의 선생님으로서, 쉰 살이지만 정신연령 두 살에 머물러 있는 늙은 어린아이들의 엄마 혹은 밥하는 아줌마로서의 할 일을 다 내려놓고 동생은 간 것이다. 사랑과 눈물과 이루지 못한 소명을 남겨두고 가는 동생의 마음인들 편하고 가벼웠으랴. 숨을 쉬라며 죽지 말라며 다급하게 울부짖던 아내의 품에 안긴 동생은 그렇게 이 세상을 떠나고 긴 세월이 흘렀다.

내 인생이 노을처럼 저물어가는 어느 여름날 새벽에 어린 누이는 애처로운 곤줄박이의 모습으로 텅 빈 내 가슴속으로 날아들어 왔다. 눈부신 햇살을 받은 무성한 숲은 그날처럼 검고 푸르렀다.

* 춘천시 외곽지역에 있는 무의탁자 보호시설인 '나눔의 동산'은 더 유능한 지도자와 운영자를 만나 더욱 잘 운영되고 있습니다. 동생은 한 알의 밀알이 되었습니다.

2010. 5.

자두도둑

올여름에도 권 집사네 텃밭 자두나무에 빨간 열매가 풍성하게 열렸다. 며칠 전부터 이 집 앞을 지나면서 빤히 보이는 자두나무에 잔뜩 눈독을 들이고 있었다. 무성하게 달린 열매가 삼사 일 전부터는 빨긋빨긋 익어가기 시작했기 때문이다. 그래도 내 것이 아니니 체면상 한 알이라도 내 맘대로는 할 수가 없다. 그 집 앞을 오가면서 습관처럼 바라본 그 나무 위에 무르익어가는 자두열매는 가지가 휘어지도록 나를 유혹하고 있었다.

이러한 내 속을 들여다보고 있었던 것처럼 착한 권 집사로부터 전화가 걸려 왔다. "서 권사님, 시간 되시면 지금 자두 다 따가세요." 권집사는 우리 내외보다 십 년 이상이나 젊은 여인으로서 바쁜 일과 중에도 교회의 성가대와 마을을 위한 봉사에 앞장서는 여인이다. 자두나무 주인인 그들은 나무에 올라가서 따 내릴 시간도 없고 그러고 싶지도 않다고 하면서 참으로 아깝고 서운한 소식을 전한다.

가게에 나가 있어 집을 비운 아침시간이었다고 한다. 늦은 아침식사를 위해서 집으로 들어와서 알게 된 사실은 누구인지 모르는 손에 의해서 탐스럽게 열려 있던 자두 중 거의 전부가 사라져 버렸다는 것이다. 주인도 모르는 사이에 그렇게 되었다니까 말하자면 도둑을 맞았다는 이야기다. 그러니 남아 있는 것이라도 얼른 따 가라는 이야기다. 아까 새벽기도 마치고 그 집 앞을 지나올 때에도 탐심을 느끼게 했던 그 알맞게 익은 열매를 누가 감히 도둑질을 해 갔을까. 아까워하는 나를 보고 아내가 놀려댄다. "상주보다 곡쟁이가 더 서러워한다더니……." 그러나 새콤달콤한 맛의 자두를 좋아하는 아내는 나 자신보다는 자기를 위해서 그것에 애착을 갖고 있다는 사실을 안다. 물론 그녀의 비아냥거림은 나를 못마땅하거나 정말로 가관이라고 여겨서 그러는 것은 아니다.

자두나무가 있는 권 집사가 사는 집 텃밭으로 내려가 아내는 밑에서 받기로 하고 나는 나무를 타고 올라갔다. 주위에 너절하게 뒹구는 부러진 자두나무 가지와 잎사귀들, 주변에 무참하게 짓밟힌 호박 넝쿨이며 애호박의 뭉개진 모습들이 평온하고 싶은 내게 분노를 일으키게 한다. 가지 끝까지 올라가서 흔들고 나무장대로 조심스럽게 두드렸다. 반시간도 채 안 되었는데 나무 위에 남아 있던 자두는 모두 땅으로 떨어지거나 내 허리에 차고 있는 바구니 속으로 채워졌다.

그러나 그 많던 자두 열매는 도둑의 손에 다 털리고 내가 수확한 것은 양은(洋銀) 들통으로 겨우 반 넘게 찼을 뿐이다. 그것도 빨갛게 익은 것만 골라서 딴 것이 아니고 아직 파란색이 남아 있는 것까지도 모두 따 내린 전부가 그거였다.

나무에서부터 약 오십 보 정도 떨어진 건축 현장의 인부들이 아까부터 우리의 이런 모습을 슬쩍슬쩍 바라보고 있었다. 그런데 나는 그들보다 먼저 그네들의 동태를 살피는 중이다. 벽돌을 나르면서 한 번, 거푸집 패널을 떼어내는 척하면서 또 한 번 슬쩍.

이따금 그들은 서로 바라보면서 야릇한 미소를 머금기도 하고 안 보는 척하며 몰래 바라보는 그들의 눈길이 나를 하나의 수사관으로 만들고 있다. 심증은 거의 확실하다. 그러나 물증은 없다. 그런데 물증도 현장만 덮친다면 찾을 수 있을 것 같다. 탐문수사도 얼마든지 가능하다.

그러나 어찌하랴? 다소의 손해를 보는 것이 정신건강을 해치거나 품위를 잃은 채 살아가는 것보다는 낫다고 자부하며 살아온 내가 아닌가. 또 주인을 제쳐놓고 내가 이토록 흥분할 입장도 실은 아니다. 나무에서 내려와 자동차를 타고 떠나가는 우리의 뒷모습을 보면서 공사장 인부들은 안도의 숨을 내쉬었을 것이다. 백미러 속으로 그들의 안심하는 듯한 표정이 줄곧 따라오고 있다. 그러나 현장에서 멀어져 가면서 점차 이성적으로 판단한 것이지만 지금까지의 내 추리는 전혀 빗나간 억측일 수도 있다고 생각하니 부끄럽기도 했다.

들통 속에 담긴 자두를 가지고 권 집사가 있는 그녀의 가게로 내려갔다. 그리고 따 내린 자두 전부를 보여 주었다. "이게 전부야. 거의 모두 따 갔더군요." 그러고는 필요한 만큼만 내가 가져가기로 하고 그녀에게 내어주었는데 진짜로 착한 권 집사는 겨우 여남은 개만 받고 전부를 우리에게 주는 것이다. "아니, 이러면 안 되지…… 반만 우리에게 주고 나머지는 권 집사가 받아야 해요……." 몇 번이고 사양했지만 권 집사는 막무가내로 우리에게 내어주기를 거두지 않는다. 워낙 우리가 자두를 좋아한다는 것을 알고 베푸는 성의라면 고맙게 받아들이는 것이 도리일 것이다.

이것을 가지고 우리 집으로 올라오는 길에 박 권사님 집 앞을 지나게 되었다. 마침 둘째아이를 잉태하고 아직도 입덧이 멈추지 않았다는 그 댁 며느리에게 우리가 받은 자두의 절반쯤을 선물하고 남은 것만 챙겨 들고 편한 마음으로 돌아왔다. 그래도 반접은 족히 넘을 것 같다. 결국 나무 주인보다 더 많은 양의 자두를 얻게 된 것이 미안했지만 마음은 풍요롭고 넉넉해졌다.

흐르는 물에 깨끗하게 씻어 냉장고에 보관했다가 땀 흘리고 들어온 저녁 시간에 꺼내어 한 입 베어 물었을 때 느끼는 맛. 입 안 가득 단맛이 도는 새콤한 향기를 상상만 하는데도 입 안 가득히 침이 고인다.

2007. 7.

잘못 배달된 문학

지금 생각해도 알 수 없는 일이었다. 어느 해인가 잘못 배달되어온 우편물을 받은 일이 있었다. 그것은 서류봉투에 밀봉된『월간 에세이』라는 문예지였다. 주소와 동호수를 보면 내 집이 확실하지만 수취인의 이름은 다른 사람이었다.

우리는 4층짜리 공동주택에 살고 있었는데 겉봉에 기록된 성명을 수소문했어도 인근 어느 집에서도 같은 이름을 찾을 수가 없었다. 며칠을 기다리다가 결국 개봉하여 읽게 되었다. 그런데 이것이 가슴속에 묻혀 있던 문학에 대한 내 감성을 일깨우게 되었다. 사회생활을 하면서 글쓰기와는 전혀 다른 곳에 터전을 두고 있었지만 비오는 밤의 향수처럼 가끔씩 밀려오는 문학에 대한 미련과 이루지 못한 꿈을 찾으려 애쓰던 때였다.

그때 읽은 수필들이 내 마음을 움직였다. 소설처럼 꾸밈이 없어 황당하지 않고 시처럼 난해하거나 허무하지 않으면서 향기로운 감동에 젖을 수 있어 수필의 매력에 젖어들기 시작했다. 이 문예지는 그 후에도 몇 달쯤 더 배달되었는데 그것은 내게 글을 쓰고자 하는 의욕과 할 수도 있겠다는 가능성을 동시에 갖게 해주었다.

같은 무렵에 내가 다니는 교회에 신실한 여자 권사님이 세상을 떠났다. 오십 대 초반의 경길자 권사, 그녀는 무엇 하나 부러울 것 없는 윤택한 생활을 하면서 인생을 즐기며 살 수 있을 나이에 세상을 떠났다.

많은 동료 신자들의 애통과 오열 속에 그녀는 갔고 그 주간 ≪뉴스레터≫라는 교회 신문에 그녀의 수필 한 편이 추모 특집으로 게재되었다. 이 글의 제목은 <수도원에 내리는 비>인데 고적하고 경건한 분위기의 산상 수도원에 내리는 비는 상상만 해도 감성을 자극하기에 충분했다. 그녀는 수필문학가협회 회원으로서, 기독교수필문학회의 중견작가로서 문향을 날리고 있었지만 그것은 내가 훗날 알게 된 역사이고 나는 그녀의 수필 한 편으로 정서적 공감을 느끼게 되었다.

<수도원에 내리는 비>는 이미 수년 전에 같은 지면에 발표했던 것이었다. 이 수필 한 편을 그녀가 작고한 주간에 추모 특집으로 재편집한 것을 보면 경길자 님의 수필은 나에게뿐만 아니라 많은 독자 교인들도 기억하게 만든 수작(秀作)이었을 것이다.

이 글을 읽은 감동과 본의 아니게 구독한 ≪월간 에세이≫의 영향은 내게 곧바로 글쓰기를 시도할 수 있도록 자극을 주었다. 그리고 다음 주일 ≪뉴스레터≫에 내가 쓴 신앙수필 한 편이 실렸다. 이 글 한 편이 나를 수필 창작 분야에 스스로 입문하게 만든 셈이 되었다. 이것은 등단하기 수년 전의 일이었지만 몇 차례 퇴고의 과정을 더 거쳤어야 할 어설픈 구성이었다.

1990년대 말(末)은 컴퓨터에 대한 필요성이 날로 대중화되고 있던 시기였다. 인터넷망 공급에 대한 정부의 시책이나 사회적 인식이 급속도로 확장되어 가던 무렵에 가까운 친구의 집요한 권유에 의해서 컴퓨터를 배우게 되었다. 워드를 익히고 서류작성을 하며 업무에 도

입하고 보니 편리한 점이 한두 가지가 아니었다. 컴퓨터를 익히던 과정에서 있었던 이야기를 수필 형식으로 쓴 습작(習作)이 초회 추천을 받게 된 것은 한참 훗날의 이야기다.

그 무렵은 네티즌들 간의 소통이 PC통신이라는 방법으로 새로운 문화를 이루던 때였다. 인터넷에 눈을 떠가는 과정에 PC통신을 통하여 문학 사이트를 찾게 되었고 사이버 문학의 동호회인 '펜넷 문학회'를 알게 되었다. 이 만남은 문단으로 가는 길을 찾지 못해 답답해하던 내게 한 줄기 빛으로 다가온 것이어서 등단으로 향하는 첫걸음이 되었다.

시인과 소설가 그리고 수필가 등 여러 기성 작가들로 구성된 문학인의 만남인 '펜넷 문학회', 재능과 의욕이 있는 동인들은 손님 자격으로 드나들면서 작품을 읽거나 쓸 수도 있는 모임이었다.

몇 달간 수업의 시간을 보내고 2000년 4월호 ≪수필문학사≫에서 초회추천을 받고 준회원의 자격으로 격상하게 되었다. 나를 수필문학에 소개하고 초회와 천료(薦了) 응모에 추천해준 분은 펜넷 문학회 회장인 맹명희 님이었다.

잘못 배달된 문예지를 읽으며 글을 쓰고자 하는 의욕이 고조되었고 유명을 달리한 수필가의 추모특집 한 편으로 마음의 감동을 받은 것은 수필을 쓰게 하는 직접적인 동기가 되었다. 내 자신도 알지 못한 채 우연처럼 이루어진 이 모든 과정은 평소에도 문단으로 가고자 하는 뜻이 깊어 마침내 길이 열린 것이 아니었을까.

펜넷 문학회의 회장과 가깝게 조우할 수 있었던 것은 내게 큰 행운이었다. 수필에 대한 첫걸음부터 배움을 시작하여 드디어 등단할 수 있도록 길을 인도받게 되었기 때문이다. 그녀는 내게 수필작법의 스승이며 선배 작가이고 내 수필에 지대한 영향과 색깔을 입혀준 분이다. 근 십 년이 지나간 지금은 가까운 친구로, 문학회의 동지로 또는 내 글에 대한 뼈아픈 잔소리꾼으로 나를 피곤하게 만들어주는 고마운 분이기도 하다. 문장력은 물론 조사 하나에 이르기까지도 소홀히 해서는 안 되는 완벽한 작품을 주문하는 그녀에게 그러나 나는 아직도 미흡한 수필 지망생에 불과할 뿐이다.

2001년 3월, 수필문학사로부터 추천완료의 소식을 듣고 기쁘지만 조심스러웠다. 등단과 함께 그에 못지않은 책임감이 뒤따른다는 것을 알게 되었기 때문이다. 심금을 울릴 만한 감동을 주지 못하는 수필은 독자를 피곤하고 지루하게 만들 뿐이다. 사회의 지도자로 혹은 기업체의 고위직 간부 또는 학계나 정계에서 명성을 떨치던 호화로운 경력의 선배작가들에 비해서 젊어 한때 직장생활을 했지만 평사원의 지위를 벗어나지 못해 가난을 면치 못했던 인생의 경험으로 무엇에 감동적인 글을 쓸 것인가.

어느 날 김소운의 수필 ≪가난한 날의 행복≫을 읽었다. 등장하는 세 주인공의 이야기를 떠올리며 내 보잘것없는 체험도 가치 없이 흘러간 세월의 흔적만은 아니라는 생각에 이르게 되었다. 내가 쓰는 수필은 늘 가난하고 빈약하다. 하지만 지식과 권위 그리고 부(富)나 명예가 감동의 조건은 아니기에 지금도 부끄러운 글을 쓰고 있다. "행복은 결코 부와 일치하지는 않는다"는 김소운 님의 맺음이 내가 쓰는 수필에 한 줄기 빛으로 남는다.

2008. 8.

내 이름

서대화(徐大和)라는 내 이름자에는 받침이 없다. 쓰거나 부르는 데 어딘가 허전하다는 느낌이 든다. 한문으로 써 보아도 그리 탐탁해 보이지 않는다. 가운데 큰 大 자는 글자의 획수가 적은 탓에 옹골차지 않아 공을 들여 써보아도 옷 벗은 나뭇가지 같아 보기에 썰렁하다.

이름을 말하려다 보니 내 성품을 공개하지 않을 수 없다. 나는 어떤 일을 빠르게 해치워야 할 때도 솜씨가 둔한 데다가 급한 성격이 아니다 보니 남들에 비해서 늦어지기 일쑤다. 만약 내가 어떤 공장에서 자동 벨트를 통한 생산라인의 일을 했더라면 빠르지 못한 동작으로 감독이나 상사에게 칭찬받기는 애초부터 글렀을 것이다.

우리 가문이 '천천히'라는 의미를 가진 '徐' 家이기 때문일까. 그러나 가문에 대해서 불만을 가졌거나 다른 성씨를 부러워해 본 적은 없다. 매사에 서두르지 말고 천천히 하라시는 조상님의 가르침일는지도 모른다며 깊은 의미를 두기도 했다. 오히려 빨리빨리 서두른 결과 발생하는 뜻밖의 화를 짚어 보면 천천히 하는 것이 미덕이라는 것을 알게 된다. '빨리빨리'라는 녀석은 '대충대충'이라는 친구를 동반하고 오기가 쉽기 때문이다.

가운데 글자인 큰 대(大) 자는 획수에 비해서 의미는 좋다. 무엇이

든지 크기 때문에 나쁜 것은 많지 않다. 노력이나 능력에 비해서 큰 결과를 탐하는 욕심을 우리는 경멸하지만 정당하고 합리적인 방법으로 얻어진 큰 것은 좋을 뿐이다. 그런데 한 가지 예외도 있다. 좋은지 나쁜지 판단하기 어려워 온 국민이 혼란에 휩싸인 경우다. 대권은 좋은 것이고 대통령이 된 것은 더욱 경축할 만한 일이나 대운하건설의 계획에 반대세력도 있다는 것은 결과에 대한 예측이 다르기 때문이다. 크기 때문에 불리한 결정적인 단점은 날렵하지가 못하다는 것이다. 크기 때문에 빠를 수가 없다.

화(和) 자는 여러 가지의 좋은 의미로 쓰인다. 화목(和睦)한 가정은 모든 사람들이 이룩하고자 하는 덕목이다. 평화(平和)로운 나라도 우리가 바라는 이상세계이다. 서로 화합(和合)한다는 의미의 이 글자는 화간(和姦)이라는 은밀한 단어마저도 합법적인 사랑의 형태로 표현된다. 그러나 모든 일에 화합하고 화목하며 화간으로 이어지기까지는 오랜 기다림과 내공이 있어야 하니 이 역시 빠른 것과는 거리감이 있는 글자가 아닌가 싶다.

이름자 때문에 날렵하지 못하다는 어릴 적 생각으로 선친께 불만을 제기한 적이 있었다. 항렬의 돌림자인 정(廷) 자가 있어 부르기 편하고 발음하기도 좋은 이름을 지을 수 있었으련만 왜 족보와 관련도 없는 이름을 지었나요. 그러나 그렇게 작명할 수밖에 없었던 연유를 알고부터는 또다시 이의를 제기하거나 묻지 않았다.

아버지는 독자로 태어나서 늦은 나이에 결혼을 하셨다. 첫째와 두 번째도 딸을 얻고 세 번째로 아들을 낳게 되었다. 이웃을 초대해서 백일잔치를 치르고 난 다음 날인데 이 아이가 심하게 울며 보채더라는 것이다. 의료시설이 낙후되었던 일제강점기 말의 전쟁 중 상황으로 쉽게 병원을 찾지는 못했을 것이다. 하루 낮과 밤을 울며 보채던 어린것을 업고 일본인이 경영하는 의원에 도착했을 때 아이는 이미 급성 폐렴으로 수명을 다해 가고 있었다. 인자해 뵈는 일본인 의사가 혀를 차면서 '조금만 일찍 왔더라면……' 하며 안타까워했다는 것이다. 이 아이는 1943년생 내 형이 되는 셈인데 그는 우리 형제의 돌림자인 정(廷) 자를 넣어 작명을 했었다.

그 무렵, 학식이 높고 세상 이치에 밝으신 집안 어른이 계셨다. 그분의 작명철학에 의하면 우리 형제에게 돌림자를 쓰면 단명할 운명이라는 것이었다. 또다시 득남을 하더라도 돌림자에서 제외해야 한다며 아버지를 설득하셨다.

그해에 다시 태기가 있었던 어머니는 이듬해 봄 역시 아들을 얻게된다. 이름을 무엇으로 지을까 고민을 했을 것이다. 돌림자를 넣었던 것이 실패의 원인이었다면 이번에는 다른 이름을 찾아 신중하게 결정할 수밖에 없었을 것이다.

일제강점기가 끝나갈 무렵, 창씨개명이 이루어지고 있던 시절에 내가 태어났다. 대구 달성(達成)을 본관(本貫)으로 쓰고 있는 우리도 이미 다츠모토(達本)라는 낯선 성으로 창씨되었다. 大和魂(야마토 다마시)이라는 일본 정신을 부추기던 시기였기에 아버지는 아기의 이름으로 연결시킬 수도 있었을 것이다.

大和魂이란 일본의 민족정신을 말한다. 그들의 大和(야마토) 정신에 의해서 침략을 당했던 우리 민족은 치욕감으로 적개심을 느낄 수밖에 없지만 그것이 일본의 국민성이다. 열도로 이루어진 몇 개의 섬 덩어리에 한계를 느껴 대륙을 향한 그들의 야심은 침략적 근성으로 살아나 틈만 있으면 한반도를 넘보게 되었으리라. 그러나 현재의 일본은 인류의 행복을 위한 첨단 설비라든가 유익한 기술로도 세계를 놀라게 하고 있다.

대화(大和)라는 그들의 정신 속에는 우리가 받아들여야 할 많은 것들도 있다. 가령, 일본인의 청결성이나 허리 굽혀 인사하는 겸손함, 세계적으로 공인된 친절함, 그리고 정직성, 궂은일을 하더라도 최선을 다하는 철저함과 근면성일 것이다. 이러한 장점은 그들의 음흉한 속셈을 숨기려는 표면적인 가식일 뿐이라며 경계하는 목소리 또한 무시할 수는 없어도 분명 우리가 받아들여도 좋을 현대판 야마토 정신이 아닐까.

집안어르신의 권고와 아버지의 결정이 주효했다는 결론은 그 후에 일어났다. 내 아래로 또 하나의 남동생이 태어났다. 족보의 돌림자에 연연하시던 아버지는 설마 또 그러랴 싶은 마음으로 정(廷) 자를 넣어 작명했다. 유아기에 6·25를 맞았고 업혀 다니느라 고생스럽던 피란시절에도 살아서 돌아온 동생이 다섯 살을 넘기지 못하고 또 유명을 달리한 것이다.

항렬에서 제외되었기 때문인가. 나는 회갑을 넘기고도 건강하게 천천히 내 인생길을 가고 있으니 이름이 나쁜 편은 아닌가 보다.

2008. 5.

蛇와의 緣

지난밤 비바람에 알밤이 심심치 않게 떨어졌다. 새벽녘 산책 삼아 산길을 오르다가 보이는 대로 주운 것이 양 주머니에 가득했다.

가랑잎 사이에 떨어진 밤알을 주우려는데 잠깐 꿈틀하는 기미가 있어 자세히 보니 독사 한 마리가 똬리를 틀고 앉았다. 머리를 곧추 세운 것으로 보아 인기척에 위협을 느낀 공격태세다. 기겁하며 나 역시 머리털이 서도록 긴장한다. 어찌할까 망설이다가 맨손인 것이 불리해 곧바로 그 자리를 피했다.

에덴동산의 아담과 하와 이후 인간과 뱀은 늘 공생해 왔다. 그러나 인간의 약점을 간파한 뱀은 갖은 방법으로 치명상을 입힌다. 눈이 밝아져서 하나님처럼 될 수 있다는 감언으로 호기심을 자극한 뱀은 그의 계획대로 인간을 영원한 원죄에 빠지게 만들었다. 아마도 그 후부터 인간은 뱀을 만나는 대로 토막 내게 되었고 뱀 또한 인기척만 있어도 도망치거나 다급할 때엔 공격하게 되었을 것이다.

이곳 산마을에 서식하는 뱀은 살모사가 주종을 이룬다. 잡초가 우거진 길섶이나 연못가 돌 틈 심지어는 집으로 올라가는 오솔길 가운데를 가로지르는 놈들을 만나게 될 때엔 언제나 숨이 멎도록 놀란다.

한번은 지하수 펌프가 설치된 맨홀뚜껑을 여는 순간 새카만 독사 한 마리가 나를 공격했다. 더위를 피해서 맨홀 속으로 들어가 휴식을 취하고 있던 놈을 방해했기 때문이었을 것이다. 재빨리 피해서 화는 면했지만 생각할 때마다 간담이 서늘해진다. 그 후부터는 나뭇가지를 감싸고 올라간 칡넝쿨을 보거나 땅에 떨어진 굽은 나무토막만 보아도 영락없는 뱀으로 착각되어 깜짝깜짝 놀라곤 한다.

성경엔 뱀처럼 지혜로우라는 구절이 있다. 제자들을 세상으로 내보냄이 양을 이리 가운데로 보냄과 같다고 하면서 뱀같이 지혜롭고 비둘기처럼 순결하라는 예수의 가르침이 그것이다. 뱀은 어느 동물보다도 지혜로워서 자신의 몸을 잘 피한다. 악한 세력에게 공격을 받게 될 때 뱀처럼 신속하게 피해야 한다는 것을 가르치는 교훈의 말씀일 것이다.

뱀에게서 독을 제거한다면 그리 두려워할 대상은 아니다. 다리도 없이 기다란 몸체에 비늘을 이용하여 구불구불 기어 다니며 혀를 날름거리는 모양이 보기에 징그러워 소름이 돋을 만한데 그것도 시간이 지나 눈에 익으면 그리 혐오스럽기만 한 것은 아닐 것이다. 요즘은 애완용으로도 사육되고 있을 뿐 아니라 아열대 나라에서는 그 가죽이나 껍질이 지갑으로 혹은 혁대의 재료로 선호의 대상이 되기도 하지 않는가. 특수한 건강원의 간판을 내건 영업소에서는 약용으로도 사용하는 이것을 생각할 때 공포의 대상이거나 인간에게 무익한 것이라고만 단정할 수는 없을 것이다.

삼십 년쯤 지난 옛날에 중추신경 계통의 발병으로 인하여 큰 수술을 했다. 재발할 가능성도 배제할 수 없다는 주치의의 경고가 있어

늘 조심하며 지냈다. 적령기가 지나 늦은 결혼을 하고 첫아이를 얻을 무렵에 수술부위가 다시 도지고 말았다. 다니던 직장은 물론 가정생활에도 의욕이 없어졌다. 그러나 재수술은 위험도가 높기도 했지만 수술 후의 극심한 통증을 생각해 물리치료를 받으며 투병에 도움이 된다는 고단백 식품을 장복했다. 칼슘과 단백질을 섭취하며 치료를 계속했지만 쉽게 완치되지는 않았다. 불편한 상태로 직장에 다시 복직하여 민간요법을 동원했다.

그해 늦은 가을 장모님께서 회복에 빠른 효과가 있을 거라며 살모사 한 마리를 보내왔다. 콩밭에서 잡은 것을 양은주전자에 넣고 뚜껑을 끈으로 묶어 산채로 보내온 것이다. 짧지만 굵은 놈이 약효도 좋아 보이니 정성껏 고아서 약으로 쓰라는 것이었다. 이것을 먹고 회복하는 것이 우선인데도 끔찍하다는 선입감이 먼저 든다. 상상만 해도 징그럽고 위험한 것을 어떻게 처리할 것인가. 차일피일 미루다가 아내의 채근에 못 이겨 일요일 늦은 오후에 손을 보기로 했다.

땅거미가 지고 사방이 어두워지는 시간에 살모사 한 마리를 다리기 위해서 질그릇 약탕관을 준비했다. 주전자를 들고 밖으로 나가 뚜껑을 동여맨 끈을 조심스럽게 풀고 들여다보는데 좀 이상하다. 꼬리가 한둘이 아니다. 어떻게 보면 머리도 한 개가 아니다. 둘 셋 넷······ 꼬리도 둘 셋······ 이것이 무엇이란 말인가. 함께 들여다보던 아내가 놀란 목소리로 비명처럼 소리친다. "살모사가 새끼를 낳았어!!!" 주위는 완전히 어둠이 밀려왔다.

주전자 안의 분비물을 씻기 위해서 욕조에 물을 부었다. 그리고 어둠을 피해서 집 안으로 들여와 여러 마리의 이놈들을 욕조에다 옮겼다. 새끼 여덟 마리에 어미까지 아홉 마리나 되는 이놈들이 물속에서 아우성이다. 징그럽다기보다 이젠 공포심이 밀려온다. 혹 한 놈이라도 기어 나와서 집 안으로 숨어들어 잠복해 있다가 어린아이를 공격하지나 않을까 하는 우려에 손발이 떨려왔다. 큰딸 아이가 두 돌을 겨우 넘겼을 때이니 뱀의 위험에 노출되는 것이 가장 두려웠다. 이것을 연탄집게로 한 마리씩 옮기던 작업은 지금 생각해도 그 과정이 끔찍했다.

이 후부터 점점 원기를 회복하기 시작했다. 직장생활이 원만해지고 통증이 멎으니 잃었던 의욕을 다시 찾게 되었다. 살모사 아홉 마리를 고아먹은 것이 치료에 얼마나 도움이 되었는지는 알 수 없으나 손수 잡아서 살아 있는 채로 보내주신 장모님의 정성과 날 생각하며 드린 그분의 기도에 더 큰 효과가 있었을 것이라고 믿는 것은 지금도 변함이 없다.

간혹 설화나 전설에 의하면 뱀은 인간에게 복이나 재물을 가져다주는 상징물로 그려지기도 한다. 이것을 보면 인간과 뱀은 그만큼 가까이 생활하고 있다는 의미일 것이다. 뱀은 지금도 우리의 생활범주 안에 들어와 영상이나 실제의 모습을 통하여 우리와 공존하고 있다. 특히 오늘처럼 뱀에 놀라기라도 한 때는 그날의 기억을 되살리며 뱀과의 특별한 인연을 생각하게 되는 것이다.

뱀에게는 인체에 유익한 약효가 많다. 그래서 전문연구기관에서는 뱀의 독성 중에서 인체에 유익한 성분을 분석하는 데 힘쓰고 있다. 뱀은 많은 이들에게 치료의 도움을 줄 뿐만 아니라 인간에게서는 찾을 수 없는 훌륭한 특성도 있다는 것을 생각해야 한다. 그것은 옛 허물을 벗는 것인데 동면을 끝낸 뱀은 새봄과 함께 새로운 환경에 적응하기 위하여 예전의 허물을 의연하게 벗어버리는 것이다. 인간도 잘

못된 품성과 오염된 육신의 허물을 벗어버릴 수는 없는 것인가. 그리하여 변화된 삶을 살 수만 있다면 세상은 한결 새로워질 것이라는 것도 생각해봤다.

2004. 10.

진찰

　미루어 오던 진찰을 오늘 받기로 했다. 상의라도 벗게 될는지 몰라 샤워를 하고 내의도 새로 산 깨끗한 걸로 갈아입었다. 운전을 하며 병원으로 향하는 내 곁에 앉아 아무 말 없이 동행하고 있는 아내의 표정이 심각해 보이기도 하고 태연해 보이기도 한다. 큰병이면 어쩌나 하는 근심과 설마 하는 마음이 교차되고 있기 때문일 것이다. 도시에서 가족들과 함께 살아도 그러하지만 현재는 산골에서 둘만 살고 있는 처지에 남편의 건강에 심각한 문제가 생겼다면 그 절박하고 근심되는 심정을 내가 어찌 모르랴.

　나이 육십이 넘어서면서부터는 몸에 조금만 이상이 생겨도 해괴한 망상에 사로잡히게 된다. 영화나 드라마에서 보면 "조금만 일찍 발견했더라면……. 혀를 차며 안타까워하는 모습을 흔히 보아 왔다. 이것은 피치 못할 이유로 늦게 병원을 찾은 환자에게 하는 의사의 정해진 대사가 아닌가. 나 역시 좀 더 일찍 진찰을 받아야 했는데 잡다한 일에서 헤어나지 못해 미루어 오다가 며칠 전부터 증세가 심하다 싶어 오늘 시간을 내게 된 것이다.

　몇 달 전부터 왼쪽 가슴에 통증이 일기 시작했다. 처음 얼마간은 운동이라도 하다가 담이 든 것 같아 하찮게 생각했는데 한두 달이 지나도 가라앉지 않아 은근히 걱정이 되었다. 얼마 전 병원에서 심장수술을 받았지만 좋지 않은 결과로 재수술을 하고 아직도 혼수상태에 있는 친구의 경우가 생각나서 더 긴장하게 되었다. 피곤할 때면 더욱 상태가 나빠져서 상체를 움직일 때는 물론 숨 쉴 때에도 고통을 느낄 만큼 진전이 되었다.

심장의 어느 한 부분이 어떤 이유로 장애를 받고 있다는 생각이 들었다. 또는 다른 장기 중 어느 부위에 발생한 심각한 이상으로 인한 자각증상 같기도 했다. 가깝게 지내던 동료 가운데 한 사람은 어깨에 심한 통증을 참다못해 대학병원을 찾았는데 그야말로 "왜 이제야 왔느냐?"며 보호자를 나무라더라는 것이었다. 간암 말기에 접어들어 어깨부위로 말기암의 통증이 느껴진 경우라고 했던 것을 되돌아볼 때 나 역시 쉽게 넘어갈 만한 증상이 아닌 것 같아서 혼자 걱정이 태산 같았다. 이따금 아내에게 통증을 호소하면 '담이 든 것이 아닐까' 하며 별로 걱정을 하지 않는다. 이렇게 무관심한 사람에게 자꾸만 말하는 것도 구차하다는 생각이 들어 혼자서만 걱정을 키웠다. 의학 상식이 전혀 없으니 마음은 혼란하고 걱정은 걱정을 낳는다.

사람의 목숨은 하늘에 달렸다. 이만큼 살았으니 이제 가더라도 크게 억울할 것은 없다며 스스로를 위로하지만 근심스러운 마음을 떨쳐버릴 수는 없었다. 아직도 못다 한 일을 남겨둔 것 같아 삶을 마감하기에는 이른 나이라고 생각하니 정말로 심각한 병에 걸린 것 같은 착각에 빠져들게 되었다. "당신 며칠 전에 농약 뿌리던 날 분무기가 고장이 나서 왼쪽 팔이 너무 힘이 든다고 하더니 그래서 더 아픈 것 아닐까?" 곁에 앉아서 운전대를 잡은 나를 그윽한 표정으로 바라보고 있던 아내가 내 심기를 건드리지 않으려는 듯 조심스럽게 말한다. 그 말엔 대꾸하지 않았다.

병원에 도착했다. 두세 달에 한 번 혈압약 받을 때마다 찾는 병원 이니 안면 있는 간호사와 가볍게 목례를 주고받는다. 잠시 후 이름을 호명 받고 인상이 좋아 보이는 젊은 원장의사 앞에 내 육신을 내놓는 다. 왼쪽 가슴을 만지고 두드리고 목 뒤에서 어깨를 심하게 누르면서 아프냐고 묻는다. 그렇게 심하게 누르는데 아프지 않을 수가 있나. 조 금 아프다고 대답하니 청진기를 꺼낸다. 얼른 상의를 벗으려니까 옷 입은 대로 있어도 된다고 한다. "심장에 이상이 있는 것 아닐까요?" 하니 의사 선생님은 친절한 말투로 심장은 왼쪽이 아니라 가운데 있 다고 말한다.

심각해 있는 나와 아내를 향해서 일종의 근육통 같다고 말한다. 가 볍게 진단하는 그가 미덥지가 않다. 그래도 통증이 너무 오래간다고 했더니 웃음 띤 표정을 거두면서 "그러면 심장 초음파 검사 좀 해볼 까요?" 나에게 묻는다. "그걸 나한테 물으면 어쩝니까. 필요하다고 인 정되면 해야지요." 하니까 "검사비가 고가(高價)라 부담이 되실 것 같 아서요…… 필요 없는 검사를 왜 하느냐고 물으면 제가 드릴 말씀이 없어 그럽니다." 평소에 그리 친절하던 분이 정색하고 말하니까 근엄 한 모습만 보인다. 그러고 보니 가벼운 근육통을 모르고 나 혼자서 걱정만 하고 있었단 말인가. 심각한 병처럼 근심하던 내 체면이 우습 게 되었다.

스트레스가 있더라도 이러한 증상이 오래간다며 마음을 편하게 가 지라고 한다. 또한 피곤이 누적되어도 그렇고 운동이 부족해도 이러 한 증상은 생길 수가 있다고 한다. 내 생활 패턴을 새롭게 바꿀 필요가 있다며 충고까지 한다. 영양섭취를 좀 줄이시고 혈압관리도 잘하지 않으시면 정말 큰병으로 발전될 수도 있다며 겁을 주기도 한다. 그러고 보니 내가 이 병원에 올 때마다 좀 더 절제하고 규칙적인 생활과 운동을 하라는 권고를 듣는다.

간단한 검사를 해 드리겠다며 가슴 엑스레이와 심전도 검사를 해보자고 한다. 그냥 말 한마디 듣고 나오기에는 그동안의 내 행동이 엄살로 인정받을 것 같아 시키는 대로 검사를 마쳤다. 결과는 물론 아무 이상이 없다고 한다. 역시 고장난 분무기 사용이 문제였나 보다. 진료비와 검사비 그리고 처방전의 약값이 합해서 만 원이 채 되지 않는 금액을 물고 병원을 나서는데 중한 병이 아닌 것이 다행이면서도 가당치도 않은 섭섭한 마음도 없지 않았다. 어찌 되었든 걱정하던 건강문제를 완전히 해결 보게 된 것은 다행이다.

돌아오는 차 안에서 아내는 내게 말한다. "무슨 큰병이라도 걸린 것처럼 그렇게 엄살을 부리더니……." 차창 밖으로 얼굴을 돌리고 웃는다. 그러나 흉보거나 진정 원망하는 빛은 아닌 것 같아 그나마 다행이다. 둘이 살다가 누구 하나가 먼저 가게 되는 것은 당연한 순리인데도 인간사에서 배우자와의 영별이 가장 슬픈 상처라고 하지 않던가. 자동차를 몰고 46번 도로를 달리는데 기분도 가볍고 통증도 이미 멎은 것 같다. 언뜻 바라본 아내의 얼굴은 웃고 있는데도 눈물이 맺혀 있었다.

2008. 5.

노하기를 더디 하다

　그 남자는 외모에서 풍기는 분위기부터가 편치가 않았다. 지나다
니는 길에 유리문 속에서 서성이는 그와 가끔 시선이 마주치면 나를
쏘아보는 눈초리가 여간 거칠게 보이는 것이 아니었다. 어떤 때는 야
릇한 미소까지 머금은 모습이 언젠가 약점이라도 잡히는 날엔 상당
한 괴로움을 줄 것이라는 계략이 담긴 눈치로 보였다. 그는 마을 사
람에게도 그러했지만 그의 가게를 찾아오는 손님들에게조차 다를 바
가 없었다.

　사십대 중반쯤으로 보이는 그의 곁에는 언제나 조신(操身)한 아내
가 함께하고 있었다. 그 여인은 손님들에게조차 눈길 한번 헤프게 돌
리지 않는 정숙한 여인이라고 했다. 뿐만 아니라 그녀는 상점 밖으로
는 나가는 일이 거의 없으며 마을 아낙들에게도 사리(事理)에 밝고 겸
손한 성품이라고 했다. 남편과는 대조적이어서 친절한 그녀의 태도는
누구에게라도 호감을 주었다.

　그녀에 비해서 그 남자는 언제나 술에 젖어 살면서 자신에게 조금
이라도 불이익이다 싶은 일은 그냥 넘기지 못하는 편협한 성격이라
는 것이다. 자신의 눈에 거슬려 보이는 것은 관계기관에 고발조치를
해서 이웃을 곤경에 처하게 한 적이 한두 번이 아니라는 것이다. 관

청에서조차 골치를 앓고 있다는 그에 관한 이야기를 듣고 보니 살아가는 그의 방법이 딱해 보이기까지 했다.

내가 책임 맡고 있는 시설에 큰 공사가 있어서 덤프트럭 몇 대가 왕래한 적이 있었다. 며칠간의 공사로 일단 마무리가 되고 정리 상태인데 전화가 걸려왔다. 처음 듣는 목소리이기 때문에 쉽게 알아들을 수가 없었다. 아랫마을 무슨 가게라며 상호를 대서 생각해 보니 뜻밖에 그에게서 걸려온 것이다. 내가 특별하게 그 집을 찾아들어가지 않는다면 그와 부딪칠 일은 없겠지 싶었는데 이제는 어쩔 수 없이 마주치게 되었다.

그의 전화내용은 대뜸 욕으로 시작한다. "씨-바-르-먼지가 나서 눈을 뜰 수가 있어야지…… 죠까치…….." 이러는 것이다. 무슨 말인가 들어 보니 공사장 덤프트럭이 지나 다녀서 길에 먼지가 많이 날려 눈을 뜰 수가 없으니 당장 공사를 중단하라는 것이다. 울화가 치밀어 나 또한 큰소리로 대꾸하고 싶었으나 숨 한번 크게 쉬고 참았다. 죠까치라…… 가당치도 않게 남자의 소중한 한 부분을 들먹이는 욕을 들었다. 남자의 상징이기도 한 그 부분이 어찌해서 그렇게 그악스러운 욕으로 발전된 것일까. 화를 발산시키고 악으로 저주할 때에 그 귀중한 부위를 거론하는 이유는 무엇인가.

끓어오르는 분을 참으며 이야기하자니 가슴이 답답하고 호흡도 가빠진다. 우리는 공사가 이미 끝났다는 사실과 요즘의 덤프트럭이라면 이웃 전원주택 공사 현장의 것이라고 설명을 하고 나니까 그도 다른 대꾸를 하지 않고 수화기를 놓아버린다. 무쌍하던 기세에 비해서 너무도 싱겁게 끝나버렸다. 해명을 하고도 분이 풀리지 않았으나 애써 잊어버리고 다시는 생각하지 않기로 했다. 그 후부터 그 집 앞을 지날 때는 의도적으로 외면을 하며 지났다. 혹시라도 그와 시선이 마주치게 되면 그날의 기억으로 또 한번 심사가 편치 않을 것 같기 때문이었다.

그해 여름이 가고 가을도 깊었다. 집으로 올라오는 길가 은행나무 잎사귀마다 노란 단풍이 짙어갈 무렵에 한 통의 우편물을 받았다. 우표가 없는 노란색 편지봉투는 어느 집에 상(喪)을 당했으니 위로해 달라는 의미의 부고장이었다. 근년 들어 외지에서 들어와 살고 있는 나로서는 부고장의 주인공이 누구인지 알 길이 없었다. 그러나 집성촌으로 이루어진 이 고장의 씨족인 것으로 보아 마을의 원주민으로만 알고 있었다. 밤 시간의 시골길이 내키지 않았으나 마을의 주민으로 인정하고 어려울 때에 도움을 청하는 민심이 고맙기도 해 그 밤으로 읍내에 있는 종합병원 영안실을 찾았다.

담배연기에 섞인 국화 향이 침울하게 피어나는 곳에 안면 있는 몇몇이 화투판을 벌이고 있었다. 슬픔과는 별 관계없는 표정인 그들이 한산한 빈소를 지켜주고 있었다. 분향을 하면서 보니 영정사진의 얼굴이 낯이 익다. 그러고 보니 바로 지난여름 내게 공연한 욕설을 해서 지금까지도 마음을 편치 않게 하던 그가 아닌가. 아직도 새파랗게 젊은 그가 어떠한 이유로 사망에까지 이르렀단 말인가.

죽음에는 원수도 없다는데 나는 다만 좋지 않은 감정을 가졌을 뿐 원수는 아니었다. 그간의 감정은 순간적으로 사라지고 '젊은이가 아직도 보살펴야 할 가족이 있을 텐데……'라며 걱정이 앞선다. 놀라는 내게 문상객 중 하나가 귀띔해 준다. 그는 오래전부터 술에 젖어 살면서 간에 이상이 생겼을 뿐 아니라 정신적인 장애까지 생겼다고 했다. 병원에서 경고를 받고 몇 차례 위독한 고비를 넘겼으나 결국 죽음의 늪을 헤어 나오지 못했다는 것이다. 그의 아내는 물론 온 마을이 그의 죽음을 이미 예견하고 있었기에 그리 놀랄 만한 일이 아니었다는 것도 그날 알게 되었다. 그러고 보니 내게 했던 그의 행동 역시 올바른 정신 상태에서 했던 것이 아니었던 듯싶었다.

그해가 가고 정월도 하순이 지나고 있는 어느 날 늦은 밤에 급하게 음료수 몇 병이 필요하게 되었다. 마을로 내려가 몇 군데 상점을 두드렸으나 추운 겨울밤 거의가 빈 거리에 문을 열어놓고 손님을 기다리고 있는 곳은 오직 그 집 한 군데였다. 유리문을 열고 들어섰다. 물건을 챙기는 주인 여자에게 겸연쩍은 마음도 그렇지만 분위기로 보아서 뭔가 위로의 말이라도 해야 할 것 같았다.

"잘 지내시지요?" 내가 인사하니 뜻밖에 밝은 표정으로 답례한다. "그럴 줄 알았으면 좀 더 잘 해 드렸을 텐데……" 그간의 내 심사가 부끄럽기도 하고 미안스러운 마음이 들어 혼잣말처럼 했는데 "잘 대해주셨잖아요? 고맙고 죄송하게 생각하고 있었습니다. 권사님께 그렇게 불손한 말을 했을 때 얼마나 죄스러웠는지 몰랐습니다." 순간 그 집 앞을 지나며 좋지 않은 감정을 가졌던 자신이 더욱 부끄럽게 생각되었다. 그러고 보니 그를 향해 나도 함께 흥분하며 대적하지 않았던 것은 얼마나 다행스러운 일인가. 성경 잠언 말씀이 문득 떠오른다.

분을 쉽게 내는 자는 다툼을 일으켜도 노하기를 더디 하는 자는 시비를 그치게 하느니라. 잠언 15:18의 가르침이다.

2005. 1.

옷이 날개

옷이 날개라는 말에 동의한다. 몸에 맞는 좋은 새 옷을 입으면 날아갈 듯 상쾌하고 사람들의 시선에도 당당해진다. 그러나 옷차림이 주위 환경과 어울리지 않거나 초라하다 싶을 때는 마음가짐이 위축되기도 한다. 입고 있는 의상에 따라서 행동에 제약을 받기도 하고 긴장의 끈을 풀어 편안하기도 하다. 품위 있는 옷차림에 행동마저 신중하다면 인격적인 대접을 받는 것은 당연하다. 생산직 현장에서는 작업복을 입어야 심신이 편하고 지체 높은 어르신을 찾아뵙거나 예를 갖추어야 할 때의 의상은 거기에 걸맞아야 한다.

옷차림으로 그 사람의 직업이나 인품을 가늠하기도 한다. 외모가 반듯한 사람이라도 입은 옷이 허술하거나 천박한 차림새일 때 그의 인격은 그만한 대우를 받지 못한다. 그러나 보기에 다소 빈약한 인물이라도 입은 옷차림이 단아하고 세련되었을 때 사람들은 함부로 대하지 않는다. 사회적으로 지체가 높은 이라 해도 예비군복을 입으면 행동거지가 다소 소홀해지기도 한다. 옷과 옷차림은 그렇게 중요하다.

언젠가 외출 중에 가까운 친지의 상사를 접하고 문상을 갔던 일이 있었다. 여름철이라 반소매 남방셔츠를 입었는데 공교롭게 붉은색 계통이었다. 다른 조문객들의 검은색 정장에 비해서 얼마나 부끄럽고 민망스럽던지 난처한 마음으로 사람들의 시선을 피하다가 이내 돌아섰던 일이 있다.

TV 드라마에 출연하는 연기자들을 보라. 그들이 농촌을 배경으로 한 드라마에서 연기할 때는 아무가 보아도 농부이며 시골 아낙이다. 또한 법복을 입고 출연하면 판검사와 같고 수녀복이나 신부(神父) 옷을 입고 출연하면 영락없는 성직자와 다를 바 없다. 역시 옷차림으로 인함이다.

춘천시 인근 산골마을에서 무의탁자 보호시설을 운영하던 여동생의 이야기다. 어느 해 추운 겨울날 관청으로 병원으로 또는 행려 노인이 있는 어느 곳이고 뛰어다니는 모습을 가상하게 여긴 집안 어른이 고가의 모피 옷을 선물한 적이 있었다. 따듯하기도 하고 품위 있는 디자인이 상당한 고급품이었는데 그녀는 이것 받기를 극구 사양했다. 비싸고 호사스러운 옷을 입고 소외된 노인들 앞에 나설 수 없다는 것이 이유였다. 고가의 옷은 사람들 계층 간에 자못 위화감을 주기도 하기 때문이다.

하루는 운영하는 공장에 들러 작업을 돕고 있었다. 그런데 이 시간에 지역 내 관공서에서 업무 차 방문한 적이 있었다. 마침 연말이라 흰 봉투에 약간의 현금을 넣어 활동비에 보태 쓰라는 인사와 함께 건넨 적이 있었다. 별것 아니라고 생각했는데 완강하게 거부한다. 그러면서 열심히 일하시는 분을 돕진 못하나마 폐를 끼칠 수는 없다면서 작업복 입은 내 모습을 가상하게 바라보는 듯했다. 중년 이후의 나이에 작업복을 입은 모습은 근면과 성실성을 보여주기도 하지만 측은한 동정심을 유발하기도 하나 보다.

오랜 친구 중에 자연목을 이용해 예술품을 빚어내는 조각가가 있다. 충주호수가 내려다보이는 시골마을에서 작품 활동을 하고 있는 이 친구는 피부색이 약간 검은 편이다. 깡마른 용모에 눈동자는 반짝이지만 그리 넉넉하거나 후덕해 보이지 않는 인상이다. 앉아 있는 시간보다 일하는 시간이 더 많은 그는 작업복을 주로 입는다. 숱 많은 하얀 머리에 장발을 한 그를 처음 대하는 이들 중 혹자는 농촌의 게으른 촌부쯤으로 여긴다.

이 친구는 전통 민속품인 솟대를 주로 제작하여 많은 전파매체에 소개된 바 있다. 인근에서는 물론이고 서울 등 경향각지에서 많은 사람들이 깊은 관심을 가지고 찾아온다. 충주시는 친구의 손으로 완성된 이것으로 솟대거리를 조성하기에 이르렀다. 금방 날아가기라도 할 듯한 날렵한 솟대가 마을 하늘의 일부를 수놓고 있는 모습이 이채롭고 아름답게 보인다. 친구는 충주시에서 아끼는 문화 예술인이 되어 민속예술의 계승과 창작에 힘쓰고 있으나 입고 있는 의상은 늘 작업복이다.

이곳을 찾는 내방객 중에는 자식보다도 젊은이가 많은 수에 이른다고 한다. 그의 작업하는 과정이나 인물의 근황이 이제는 TV를 통해서 널리 알려져 있으나 초창기의 그는 간혹 젊은이들에게 하대(下待)에 가까운 호칭을 들을 때가 있었다는 것이다. 그럴 때마다 그는 옷차림을 생각했다고 한다. 그러나 늘 조각도와 나무토막을 가지고 씨름하는 그가 말끔한 정장의 차림은 생각할 수가 없었다. 궁리 끝에 그는 간접적인 신분노출을 시도했다.

먼저 거실에 전시된 작품을 감상할 여유를 준다. 전시실 벽에는 유명 미술인들과 함께 찍은 사진을 전시해 놓았다. 특히 퇴직하기 전인

미술관장 시절 TV 프로에 출연했던 인터뷰 모습, 운보(雲甫) 화백과 동석한 사진, 그리고 미술계의 유명인사들과 담소 중에 촬영한 스냅사진은 더 이상 그를 게으른 촌부로 보이게 하지 않는다. 나는 친구의 계획된 의도를 한참 후에야 알게 되었다.

유명인들과 함께 한 정장차림의 그의 단정한 모습은 세련된 인격의 예리한 전문인다웠다. 넘볼 수 있는 상대로 평가하려는 마음을 가졌던 이들도 현직에서 활동하던 사진을 확인한 뒤에는 태도가 정중하게 바뀌는 것을 느낀다는 것이다. 호칭에 있어서도 "윤 선생님……"으로 달라지더라는 말을 내게 웃으며 전한다. 넉넉히 이해되는 상황이다.

옷이란 물건의 포장지에 불과한 것이다. 그런데도 많은 사람들이 포장지의 질이나 색상 그리고 맵시에 따라서 내용물에 대한 가치를 평가하는 경우가 많다. 정작 내 자신도 그러한 우를 범하고 있는 것은 아닌지 되돌아보아야 할 일이다.

2004. 10.

Part 04

목련이 다 지기 전에

올가미를 거두며

'삼월이'가 없어진 것을 안 것은 이른 아침이었다. 새벽 산책을 하려고 문을 나서면 언제나 꼬리를 치며 내 곁을 따랐는데 그날 아침은 아무런 기척이 없었다. 젖을 빨고 있는 어린 새끼들을 뿌리치지 못해 아직 자리에 누워 있는 것으로 알고 그냥 무심히 지나쳤다. 그러나 날이 밝아 해가 중천에 솟았는데도 녀석은 나타나지 않아 결국 심상치 않은 일이 생긴 것을 예감하게 되었다.

태어난 지 한 달이 채 안 된 새끼들이 어미젖을 찾는 모습이 애처롭다. 그러나 삼월이는 오후가 되어도 돌아오지 않는다. 제 어미를 기다리는 강아지 다섯 마리를 라면 상자에 담아 방으로 데리고 들어왔다. 사다 놓은 우유를 그릇에 쏟아놓으니 모두가 덤벼들어 정신없이 먹어댄다. 제법 많은 우유를 순식간에 먹어치운 놈들은 장소를 가리지 않고 곧바로 배설해 놓았다. 어미가 있었으면 제 새끼들의 배설물까지도 깨끗하게 처리했을 것을 생각하니 놈이 없는 것이 몹시 아쉽다.

작년 겨울에도 '삼월이'와 함께 '통통이'라는 중개 한 마리를 키운 적이 있었다. 하얀색의 진돗개 혈통의 통통이 녀석이 어느 날 사라졌다. 아랫마을엔 내려가지 않는 놈이라 온 산으로 찾아 나섰으나 어디에서도 그 모습을 발견하지 못했다. 측은하고 안 되었지만 할 수 없이 잊기로 하고 일주일쯤 지났는데 어느 날 느닷없이 놈이 나타났다. 목둘레에 붉은 피가 번지고 있는 것이 올무에 걸려 사경을 헤매다가 겨우 도망쳐 온 것이 분명했다.

반가운 마음으로 자세히 살피니 목 앞부분의 표피가 심하게 쓸려 나가 있었다. 소독약을 발라주고 항생제를 먹이고 보호식을 시키며 십여 일을 지내고 나니 상처는 어느 정도 아물어가는 것이 눈에 보였다. 일주일이 지났어도 곪어 죽지 않은 것이 다행이었다.

그 후부터 삼월이도 놓아 먹이지를 않았다. 그러나 언제고 제 집에 매어있는 놈이 갑갑해 보이기도 하고 풀어 놓았을 때 산으로 밭으로 힘차게 뛰어 다니는 모습이 보기에 좋아 요 며칠간 풀어 놓고 먹이는 중이었다.

하룻밤이 지난 오후에 산으로 녀석을 찾아 나섰다. 그러나 이 넓은 산 어디에 있는지 또한 올무에 걸린 것이 확실한지도 알 수 없어 미심쩍은 마음으로 집 뒤 골짜기부터 살피기 시작했다. 여남은 걸음 옮길 때마다 반복해서 삼월이 이름을 부르며 잎 떨어진 나무 사이를 더듬는다. 가랑잎 덮인 양지 편을 오르는데 좁은 길에 가로놓여진 나뭇가지 밑으로 가는 철사 줄이 햇볕에 반짝 비친다. 자세히 보니 토끼의 머리 정도 들어갈 수 있는 올가미다. 이것을 거두어 내고 묶었던 나뭇가지를 숲속에 던져 버린 뒤 또 다른 곳을 유심히 살핀다. 등성으로 올라가면서 짧은 거리에 비해 많은 올가미를 거두었다.

더 높은 곳으로 올라가는 길과 오른편으로 다시 내려가는 갈림길에 서서 어쩔까 망설이면서 '삼월이'를 또다시 큰 소리로 불렀다. 녀석이 현재 올가미에 걸려 있다는 사실을 신호로 보내주어 위치 파악을 할 수 있다면 얼마나 좋겠는가. 그러나 진도견의 특성 중 하나는 자신이 아무리 큰 위험에 처해 있어도 절대로 소리 내어 짖는 일이 없다는 것이다. 공연한 수고를 하는 게 아닌가 싶어 그만 포기하고 내려갈까 하는 순간인데 마른 숲 흔들리는 소리와 함께 늘씬한 키의 삼월이가 내게로 달려든다. 마치 환상을 보는 듯해 얼른 믿어지지 않았지만 삼 년 이상 나와 함께 산을 지켜온 삼월이가 분명하다. 예상했던 대로 올가미는 삼월이의 목을 조이고 있었고 철사 줄의 끝부분이 끊겨져 있는 것으로 보아 제 이름을 부르는 소리에 남은 힘을 다해서 도망쳐 나온 듯했다.

집으로 데리고 내려와 아침에 먹다 남은 고깃국에 더운밥을 말아 한 그릇 그득하게 말아주었다. 허기진 배를 채우고 있는 제 어미의 늘어진 젖무덤으로 다섯 마리의 어린 강아지들이 달려들어 젖을 빠는 모습이 작은 전쟁을 보는 듯 치열하다. 다시는 풀어놓지 말자고 아내와 약속을 하면서 굵은 쇠사슬에 묶는 마음이 좀 안됐다. 산으로 숲으로 뛰노는 자유스러운 모습이 보기엔 참 좋았는데.

이튿날은 조반을 먹은 후 곧 뒷산으로 향했다. 산 곳곳마다 철사 줄 올가미가 지천인 것을 생각하면 치미는 분노를 삭이기 힘들었다. 먹이를 찾아 힘겨운 겨울을 지내고 있는 야생동물을 보호는 못한다 하더라도 몇 푼의 수입을 위하여 간교한 방법으로 생태계를 해치고 있는 만행을 그냥 보고만 있어야 할 것인가. 많은 덫 중 일부라도 제거해서 다만 몇 마리의 생명이라도 구해야 한다는 소신으로 산을 오른 것이다.

마른 풀숲 길에 가로놓인 나뭇가지엔 영락없이 올가미가 숨어 있었다. 산토끼가 다닐 만한 길목에 매설된 것을 수거한 것이 일곱 개 그리고 크고 힘센 짐승을 노리는 길고 강한 올무는 다섯 개를 찾아냈다. 모두 열두 개를 거두었으니 결과적으로 열두 마리의 야생동물을 보호한 셈이 되었다. 오늘 하루 산을 지키는 파수꾼이 되어 귀한 생명을 지켜냈다는 자부심이 그나마 마음에 위안이 된다.

어제 돌아보지 못한 다른 곳에서는 중 개만 한 너구리 한 마리가 발견되었다. 이미 죽은 지 오래되어 부패된 채로 누워 있었는데 눈에 보일 듯 말 듯한 철사 줄이 아직도 목을 조이고 있었다. 올무를 고정시켜 놓은 참나무 줄기가 심하게 긁혀 반 넘게 패어 있는 것으로 보아 도망치기 위한 처절했던 몸부림이 눈에 보이는 것 같다. 누구의 파렴치한 소행인가 덫을 놓은 장소마저 기억하지 못해 기왕 걸려든 산짐승조차 거두지 않는 몹쓸 양심은 인간의 부끄럽고 잔혹한 면을 그대로 노출시킨 꼴이다.

어디선가 인기척이 들려온다. 거친 목소리들과 정제되지 않은 언어가 난무하는 저들의 정체는 무엇일까. 아내는 불안해하는 표정이 역력하다. 알려진 등산코스가 아닌 이 한적한 산속에 어떤 이의 어떠한 목적을 위한 산행인가. 아내는 거두어낸 올가미를 얼른 숲속으로 던져 버린다. 걸려든 짐승을 챙기러 올라온 올가미의 주인은 아닐까. 야생동물을 잔인하게 붙들어 가는 이들이라면 어떠한 형태의 보복도 서슴지 않을 것이라는 우려가 공포심으로 다가왔기 때문이리라.

야생동물들에게 두려운 상대는 철사 줄 올가미다. 그러나 지금 우리 내외가 두려워하는 대상은 올가미를 놓은 인간이다. 그들에게 혹 우리를 가해하려는 어떠한 의도가 숨어 있다면 그것 역시 눈에 띄지 않는 올가미가 아닌가. 비겁하지만 현명한 방법은 올가미에 걸리지 않는 것이라는 자기 합리적 판단을 내세워 우리는 집 쪽으로 발길을 돌렸다.

2006. 1.

청산에 살어리랏다

집 뒤의 골짜기를 따라 상류로 올라갔다. 바위틈을 감도는 하얀 물살은 제법 높은 폭포를 이루기도 하고 작은 소를 만들어 놓기도 했다. 이따금 등산로를 따라 정상까지 오르며 다람쥐와 청설모의 동행이 되기는 했어도 계곡을 따라 오르기는 오늘이 처음이다. 숨겨진 비경이라도 찾은 듯 신비스러운 마음으로 바위 사이 돌 틈으로 물길을 거슬러 오른다.

9월도 중순이 지나고 보니 검푸르던 숲 활엽수 잎사귀가 황록색으로 변한다. 채 물러가지 않은 잔서(殘暑)가 한낮의 산마을을 덥힐 때도 있지만 그늘은 한결 서늘해졌다. 앞이 보이지 않을 만큼 잡목이 우거진 숲을 물소리 따라 오르기 한참 만에 발 담그기 알맞은 바위가 있어 잠시 걸터앉는다. 시원한 냉기를 느끼며 좋은 사람과 함께하지 못한 것이 아쉽다.

작은 물보라를 일으키며 떨어지는 폭포 곁에 바람에 흔들리는 젖은 나무 잎사귀가 싱그럽다. 소리 내어 흐르는 바위틈 풀꽃 사이로 분홍색 물봉숭아가 군락을 이루고 있다. 군데군데 피어난 배초향 보라색 꽃은 소박하고 수줍은 모습이다. 화려하지 않아 내세울 것 없는 모습으로 그냥 그 자리에 있을 뿐인데 그것들의 어울림이 자연의 아름다움이다.

산마을에 피어나는 야생화의 소박함이 내 정서에 맞는다. 여름밤엔 새도록 울어대는 소쩍새의 울음소리, 그리고 겨울밤 나뭇가지에 쌓인 눈 떨어지는 소리에 묘한 안도의 평안함을 얻으며 살아온 지 여러 해가 지났다. 소음과 먼지와 인파와 매연 속 도시에서의 복잡한 삶을 떠난 자적(自適)한 생활이 퍽 소중하고 귀하다.

상류로 오를수록 계곡은 좁아지면서 물은 더욱 맑고 깨끗하다. 우거진 숲속엔 산밤의 아람이 떨어져 눈이 모자랄 만큼 흩어져 있고 더러는 풀섶에 가려 용케 눈길을 피하는 놈도 있다. 몇 개를 주워서 껍질을 벗겨내자 채 여물지 않은 속껍질이 자신의 알몸을 쉽게 내어주기를 거부한다.

엄지손톱으로 속껍질을 밀어내자 이내 노란색의 속살이 나온다. 입에 넣어 오도독 하는 소리가 맛보다 더욱 고소하다. 심심풀이로 주운 것이 양쪽 주머니에 가득했다. 아직도 숲속에 흩어져 있는 것들은 올겨울 다람쥐의 양식으로 남겨두었으면 좋으련만 빈번하게 찾아드는 외지인들의 발길에 그리 오래가지는 않을 것이다.

숲속 나뭇잎에 일렁이는 잔잔한 바람결을 따라 하늘을 본다. 상수리나ant 가지를 타고 올라간 넝쿨을 자세히 보니 녹색의 작은 다래열매가 수없이 달려 있다. 대추알만 한 놈이 있는가 하면 어린아이 주먹만 한 것도 있다. 더러는 땅에 떨어진 것이 있어 몇 개를 주워 흐르는 물에 씻어 입에 넣으니 달고 새콤한 맛이 향기롭기도 하다. 채 줍지 못하고 다음을 기약한다. 소쿠리라도 하나 가지고 다시 찾아와야지……

문득 '청산에 살어리랏다' 하는 청산별곡이 생각난다. 고교 국어시간을 추억케 하는 '얄리얄리 얄라 셩……' 하던 고려가요는 작자 미상으로 오늘까지 전해내려 오고 있다. 누군가 속세의 인간사를 떠나 한적한 청산에 살면서 그 산을 찬미한 것이리라. 머루랑 다래를 따 먹으며 자연과 벗하는 선인의 시심(詩心)을 이해할 듯하다.

산은 사람들에게 삶의 기백과 풍요로운 마음을 주기도 하거니와 그 산에 안길 때 포근한 안식과 위로를 받을 수도 있다. 작자는 시름을 안고 산으로 들어와 자기 나름의 비애를 노래하며 위로받았을 것이다.

정상 8부 능선쯤 올라가니 계곡은 흐지부지 없어지고 물길은 어디서부터 발원한 것인지 알 길이 없다. 아름드리 굴참나무 군락 사이로 멀리 경춘선 철길이 가물가물 이어진다. 내려오는 길은 등산로를 따라 쉬엄쉬엄 걸었다.

길섶엔 어느새 하얀색 들국화가 바람에 날리고 도토리나무 아래엔 이미 떨어진 열매가 지천으로 널렸다. 도토리 키재기라더니 아무리 큰 놈이라야 겨우 새끼손가락 한 마디만 하다. 골짜기 어디선가 산까치 소리에 섞인 여인들의 목소리가 산길을 타고 내려온다. 가을 산열매를 주우러 올라온 마을 아낙들일 것이다.

그림자처럼 나를 따라 다니는 잡종 개 삼월이 년이 소리 나는 쪽을 향해 귀를 세우고 짖는다. 울긋불긋한 등산복 차림의 중년 여인 둘이 가득 찬 배낭을 메고 산길을 내려오다가 나를 보더니 잠시 주춤한다. 반가워야 할 사람과 사람 사이인데 인적이 뜸한 산중에서는 서로가 긴장하는 대상으로 변한다.

남북의 대치상황이 살벌하기만 하던 시절엔 산에서 내려오는 낯선 사람은 대공기관에 신고하도록 되어 있었다. 또한 한국전쟁 중엔 미처 도주하지 못한 인민군의 잔당들이 산으로 들어가 빨치산으로 변했다. 이들이 주민들을 괴롭히던 시절, 산에서 만나는 사람들은 확실한 공포의 대상이 되기도 했었다.

그러나 그들은 이내 긴장의 표정을 거둔다. 그다지 영악해 보이지 않는 산지인 줄 알았기 때문이기도 하겠지만 짖어대던 삼월이마저 반색하며 꼬리를 치는 것에 안심이 되었기 때문이었을 것이다. 다가오면서 눈인사까지 하는 것을 보면 아랫마을을 지나다니면서 몇 번 마주친 기억이 있는 여인들인 것 같았다.

산채로 돌아오니 초가을 늦은 햇살이 혼자서 빈집을 지키고 있다. 주머니 가득 주워온 밤톨을 꺼내어 소쿠리에 담고 설익은 다래는 남향 창가에 놓아 해바라기를 시켜 농익을 때를 기다린다. 이번 주말에 나를 찾아올지도 모를 좋은 벗을 위하여 준비하는 마음이 달갑다. 수정 같은 계곡물에 발을 담그게 하고 흐르는 물소리와 바람소리로 시정(市井)의 잡음에 절은 심신을 말끔히 씻게 해주고 싶다.

청산애 살어리랏다. 멀위랑 다래랑 따먹고…… 작자미상의 고려가요가 자꾸만 되뇌어지는 일상의 하루가 저물어갔다.

2006. 10.

크리스마스이브

성탄 전야가 조용히 깊어간다. 산골에서 맞는 첫 번 크리스마스인데 가족과 함께하지 못하는 마음이 울적하다. 책을 들여다보나 쉽게 머리에 들어오지 않는다. TV를 볼까 하지만 라디오마저도 수신이 어려운 난시청지대인 관계로 심한 잡음에 시달리는 것이 피곤할 뿐이다. 읽다가 접어둔 수필집을 다시 손에 든다. 밖에선 하릴없는 진돌이 녀석이 밤 시간이 무료한 듯 두어 번 짖는다.

성탄은 아기 예수가 우리를 위해서 구세주로 오신 기쁘고 즐거운 날이다. 그러니 우리의 죄를 대속하기 위한 화목제이신 것을 생각하며 기쁨 가운데서도 경건함을 잃지 말아야 할 것이다. 근래 들어서는 불교계에서도 성탄을 축하하며 기쁨을 함께 나누고 있어 의미를 더하고 있다. 기독교인이거나 그렇지 않은 이라 할지라도 다 같이 즐겁게 맞이해야 할 성탄절의 전날 밤이 깊어간다.

창을 열어 밤하늘을 쳐다본다. 수많은 별들이 산비탈 나뭇가지 위에 내려와 앉아 영롱한 빛으로 반짝이고 있다. 올 성탄절에도 눈은 내리지 않을 듯하다. 끊임없이 이어지는 각종의 비리와 부정부패로 온 국민은 사회와 정치권에 크게 실망하고 있다. 이러한 때 흰 눈이라도 풍성하게 내려주면 상처받은 민심이 조금쯤 위안이 될 수도 있으련만 밤하늘은 총총하기만 하다.

내 어린 시절의 크리스마스엔 많은 눈이 내렸던 기억이 남아 있다. 특히 성탄절 이른 새벽 어둠이 걷히지 않은 시간에 교회의 찬양대원들이 성도들의 가정을 차례로 돌며 "기쁘다 구주 오셨네" 찬송을 부를 때 흰 눈이 소리 없이 내렸다. 이때 미리 준비한 따끈한 차나 과자를 나누며 덕담을 주고받으면 성탄의 분위기가 고조에 달했다. 지금도 새벽송의 아름다운 관습이 남아 있는 교회가 있다고 하나 아파트가 밀집한 도시에서는 이웃의 편안한 잠자리를 방해한다는 이유로 없어진 지 오래다.

문득 집에 두고 온 가족들이 궁금해진다. 아이들은 모두 귀가는 했는지, 이 늦은 밤 어디서 방황하고 있는 것은 아닌지, 집으로 전화를 건다. 아내는 잠깐 집을 비웠고 아이들은 내일 아침 성탄예배를 드리기 위해서 준비하고 있다는 딸아이가 대견스럽다.

예년의 이 시간에는 케이크를 준비해서 촛불 밝혀놓고 모두가 둘러앉아 가족 예배를 드렸다. 찬송 부르고 기도하고 아기 예수 탄생을 축하하던 지난날에 비해서 오늘은 그리 하지 못하는 마음이 허전하고 아이들에게도 미안스럽다. 하지만 올 성탄절은 가족들과 각각 다른 곳에서 보내게 된 것도 그분께서 계획하신 섭리라 믿으니 마음이 편하다.

조용히 깊어가는 산중의 한밤에 두 살짜리 진돗개가 또 짖어댄다. 녀석이 지루하고 심심할 때 짖는 소리와 주위를 오가는 작은 짐승들의 움직임을 보고 짖어대는 소리와는 구별이 된다. 그런데 이번은 누군가 인기척으로 인해 짖는 소리다.

긴장한 채 다음을 기다리는데 이놈은 짖기를 멈추고 반가움에 꼬리를 흔드는 낌새다. 이 밤에 누구일까 하는데 갑자기 문이 열리면서 한 여인이 활짝 웃으며 들어선다. 아내가 나를 찾아 여기까지 온 것이다. 적적하던 마음이 금방 밝게 피어난다.

큰딸아이 직장 출근 문제와 그 아래 아이들 등교 뒷바라지로 아내는 집에서 생활한다. 때문에 일주일이나 이주일에 한 번꼴로 이곳을 찾는다. 다 늦은 나이에 주말 혹은 격주말 부부로 생활패턴이 바뀌니 불편한 점도 많지만 좋은 면도 없지 않다. 새로울 것도 설렐 것도 없는 오랜 부부의 관계성이 멀리 떨어져 있음으로 해서 서로에게 필요한 지체였음을 재확인하는 유익한 기회로 만들어져 가고 있기 때문이다.

손에 들고 온 꾸러미를 풀어 작은 케이크 상자를 꺼낸다. 하얀 크림 위에 초콜릿으로 '메리 크리스마스'를 써 넣고 초록색 나뭇잎과 빨간 열매 그리고 앙증스러운 금색 종을 만들어 넣은 데커레이션케이크다. 가운데 촛불을 밝히고 잠시 기도한다. 지난 허물 꾸짖지 않으시고 여기까지 인도해 주신 그분의 사랑에 감사드린다. 집에 두고 온 자녀들과 본 교회 그리고 지금 섬기고 있는 여기 산골 교회 식구들을 위해서도 기도한다.

이곳에 머무는 동안은 아랫마을 작은 교회에서 신앙생활을 할 것이다. 성가대 인원만 천여 명에 달하는 대형교회에만 예수님이 오시는 것은 물론 아니다. 오십 명 안팎의 전 교인이 가족처럼 따뜻한 정을 나누고 서로의 기도제목까지 터놓을 수 있는 이 작은 교회를 섬기는 요즘의 생활이 새롭고도 소중하다. 그러나 젊은 시절부터 신앙을 키워온 본 교회에 등록되어 있는 내 입장에서 이곳에 교적(敎籍)을 옮길 수가 없어 그냥 손님처럼 오가는 것이 죄스럽다.

소란스러운 세상을 멀리한 것 같은 아내와의 시간이 단출하다. 성탄절이 밝아오는 깊은 밤 홀로 있는 산중에 찾아온 그녀의 사랑이 고맙기도 하다. 결혼 전 연애할 때의 애틋하던 마음과는 또 다른 깊고도 진한 그 무엇이 가슴을 적신다. 이 지구상에 우리뿐인 것처럼 고독한 듯 행복한 시간이 흐른다.

초저녁 같은 기분인데 시간은 자정을 넘기고 있었다. 밤새워 불침번을 서는 영리한 초병 진돌이 하며 집안 구석을 둘러보는데 도시와는 다른 밤하늘의 별들이 유난히도 빛난다. 싸늘한 밤바람이 매섭다. 동방에서 박사들을 인도하여 아기 있는 곳에 머물렀다는 그날 밤의 별은 어느 것인가. 방으로 들어와서도 한참의 시간이 지난 뒤에 등불을 끄려는데 예상치도 않았던 찬송소리가 천사들의 노래처럼 들려온다. "기쁘다 구주 오셨네. 만백성 맞으라……"

나그네 신자인 내 집에 새벽송을 불러주기 위해 아랫마을 성도들이 여기까지 올라온 것이다. 예배 때마다 성가대로 봉사하는 신실한 얼굴들이 차가운 밤바람 속에 둘러서서 찬양을 하고 있었다. 어른이 되고 신앙생활을 하면서 처음으로 경험하는 새벽송의 축복을 받으며 진정 나를 위해 이 땅에 오신 구세주를 만난 것처럼 감격스럽다. 혼자만의 산속 생활이 외롭지 않았던 것은 이러한 축복을 내 곁에 준비해 두신 그분이 계셨기 때문이었구나……

찬양으로 오신 주님을 만난 성스러운 밤이 새벽을 향해 더욱 깊어가고 있었다.

2002. 12.

산에 살면서

도시를 떠나 산마을로 이사 온 것은 지난해 여름이었다. 산에 축조되어 있는 시설과 그 산을 관리하기 위하여 잠시 들어온 것이 호젓한 분위기가 마음에 들어 그냥 눌러 앉고 말았다.

간단한 짐을 정리하고 산에서 맞은 그 저녁에 접동새 울음소리를 들었다. 자규(子規) 혹은 소쩍새라고 부르기도 하는 이놈의 울음소리는 많은 문학 작품에 등장하고 있다. 그만큼 듣는 이의 심금을 울린다. 한데 나는 집을 떠난 첫날밤인데도 마음이 차분하게 가라앉는 것이 마치 긴 방황 끝에 고향으로 돌아온 듯 안도감마저 들었다.

산길을 걷고 있을 때 풀섶을 가로지르는 독사 한 마리에 기겁을 하기도 했다. 마음을 가다듬을 틈도 없이 뒤이어 가랑잎을 박차고 오르는 장끼의 날갯소리에 또다시 놀라다가 실소를 금치 못한다. 난 아직 멀었나 보다. 산에 살 만한 자격이 없는 것이 아닐까. 이들과 한 가족이 되어야 비로소 진정한 산사람이 되는 것일 텐데 이리도 놀라다니…… 가끔 겪는 일인데도 때마다 가슴을 쓸어내린다.

산에 사는 나를 만나러 이따금 가까운 친구들이 찾아온다. 활엽수 잎사귀마다 황금물결이 일렁이던 지난가을 그들은 산마을의 정경에 취하다가 돌아갔다. 한겨울엔 백설로 뒤덮인 계곡의 눈꽃을 바라보면서 경탄한다. 복잡한 생업을 접어 두고 이곳에 은둔하고 싶다고도 한다. 나는 무엇인가. 나는 이미 은둔하고 있으니 이젠 산이 되어야 할까 보다. 세속적인 즐거움에 기뻐할 것도 없고 잠시 살아가는 날의 슬픔에 눈물 흘릴 것도 없이 인생사를 두고 소요(騷擾)하지 않는 산이 되어야 할까 보다.

종일토록 혼자뿐인 산에 살면서 동무 삼아 진돗개 한 마리를 먹인다. 녀석은 무료하다고 느낄 때마다 허공에 대고 이유 없이 짖어댄다. 나만 보면 목의 사슬을 풀어달라는 애절한 시선을 보내지만 저를 보호하는 마음으로 매어놓는 것을 알 턱 없는 놈은 내가 못내 야속하다. 호젓한 산길에 숨어 있는 철사 줄 올가미의 공포를 놈이 어찌 알 수 있으랴.

깊은 산이 아닌데도 크고 작은 짐승들이 자주 출현한다. 방어능력이 없는 산토끼는 언제 보아도 무엇에 쫓기듯 급하게 달음박질하고 나뭇가지를 타고 오르내리는 청설모의 동작이 민첩하다.

가랑잎 쌓여 있는 오솔길 옆에 먹이사슬에 희생된 듯 산비둘기의 먹힌 흔적이 역력히 남아 있기도 하다. 아무도 밟지 않은 눈길 위에 일직선으로 찍혀진 어른 주먹만 한 발자국은 무엇인가. 산돼지나 곰의 것도 아닌 것이 고양잇과의 어떤 덩치 큰 놈인 듯 섬쩍지근한 마음이 들기도 한다.

지난겨울 회색빛 구름이 낮게 드리워진 아침나절에 노루 한 마리가 뜰 앞 텃밭에 내려왔다. 아랫마을 주민이 고구마를 캐어가고 빈 밭으로 남아 있는 곳에서 먹이를 찾고 있었다. 양달쪽 눈 녹은 검은 흙 사이를 뒤적이고 있는 것이다. 혹 잘못 본 것이 아닌가 싶어 유심히 살펴도 몸에 달라붙은 노리끼리한 짧은 털하며 긴 모가지 그리고 시늉만 생긴 꼬리부분이 영락없는 노루다.

놈이 놀라서 달아날까 내가 더 조심이 된다. 어디에서 서식하고 있는지 알 길 없지만 아마도 눈 덮인 산에 먹잇감이 떨어져 예까지 내려온 듯싶다. 땅을 헤집어 볼 뿐 먹이를 찾지는 못하고 이곳저곳을 뒤적이다가 달아나야 할 길을 확인하듯 산 쪽을 바라본다. 나와 눈이 마주치면 황급히 도망치겠지. 나도 놈처럼 긴장하여 눈동자까지도 움직이지 않는 자세로 한동안 그 자리에 머물렀다. 더 가까이 내게로 접근해도 저를 해칠 마음이 전혀 없는 내 속을 어떻게 하면 전할 수 있을까. 그러나 먹이 찾기를 그만두고 산길을 향해 잡목 숲을 헤치는 놈의 뒷모습이 가여워 보인다.

송도삼절의 하나로 불리는 서경덕 선생의 이야기가 생각난다. 출세욕보다는 학문에 전념하던 그가 어머니의 간곡한 권유로 늦은 나이에 생원시험에 합격하였다. 그러나 관직에 나가지 않고 화담(花潭)에 초막을 짓고 성리학 연구에 전념할 때에 그 연못의 물고기와 날짐승과도 교감을 나누었다고 한다. 온갖 탐욕에서 벗어나 미물 하나에게까지도 무욕의 순수한 마음을 전하면 그것은 이내 믿음으로 화답되어지는 것일 텐데……

지난가을에 문우 한 분이 손수 농사지어 수확한 것이라며 고구마를 한 포대나 보내 주었다. 가까운 친구들이 찾아와 문학에 관한 이야기를 나누던 날 밤, 모닥불에 몇 개를 굽고 나머지가 꽤 되었다. 고구마 밭에서 먹이를 찾던 것으로 보아 노루의 먹이로 이것이 적당한 듯싶다. 다시 내려올 때는 헛걸음하지 않고 쉽게 찾을 수 있도록 여남은 개를 그 밭에 뿌려 주었다.

잿빛 구름이 짙게 덮인 하늘에서 눈발이 내리기 시작한다. 온 산이 모두 눈에 덮이면 놈의 먹이 찾기는 더욱 어려워질 것이다. 어느 바위틈 안전한 토굴 속에 잠자리라도 마련되었으면 좋으련만 눈 내리는 밤 쉴 곳 못 찾아 방황하게 되지나 않을까. 숲속 어딘가에 매설해 놓은 올무에 걸려 삶에 종지부를 찍게 되지나 않을까. 나는 한 마리 노루가 되어 그 밤이 새도록 눈 덮인 계곡을 헤매는 꿈을 꾸었다.

그 후로 여러 날이 갔다. 설 명절이 지나자 얼음장 속에 물 흐르는 생명의 소리가 신비롭다. 그날 아침 이후 한 번도 만나지 못한 노루의 안부가 궁금한 채 새봄을 맞았다. 그런데 어젯밤 자정 가까운 시간, 자리에 눕는데 갑자기 단말마의 굉음이 산자락을 울린다. 단음의 간헐적인 소리는 올무에 걸린 동물이 저항하는 최후의 비명이다. 그렇다면 무엇인가. 산토끼의 것은 물론 아니고 탁하지 않은 음으로 미루어 멧돼지도 아니다. 갯과의 어떤 맹수로 듣기엔 너무 선량한 소리다. 그렇다면 그날 아침에 만났던 노루가 올가미에 걸려 필사적으로 지르는 비명이 아닌가.

망설일 틈이 없다. 손전등 하나와 절단기를 가지고 급하게 채비를 했다. 소리에 점점 힘이 없어지는 것으로 보아 상태는 급박하게 진행되고 있다는 것을 직감한다. 비명의 근원지는 생각한 것보다 훨씬 멀리 있었는데 밤 시간이라 소리의 전달이 가깝게 느껴진 것 같았다. 녀석의 크기로 보아 역시 그날 아침에 만났던 노루가 틀림없다. 붉은 피가 번지는 허리 부분을 괴롭게 조이고 있는 철사를 끊어 버리는 것이 그리 쉬운 일은 아니었다.

동물 구조대에 연락하는 방법을 생각했다. 그러나 치명적이지는 않은 것 같은 상처를 치료해 주는 것보다 속히 녀석의 안식처로 되돌려 보내어 인간으로 인한 공포에서 해방시키는 것이 먼저일 것이라 여겨졌다. 어둠 속으로 사라져 가는 노루의 뒷모습을 바라보는 마음이 홀가분하다. 산사람으로서 마땅한 일을 한 것 같기도 하고 야생의 약효를 믿고 간교한 올가미를 놓은 인간의 죄를 조금은 용서받은 듯한 느낌이 들기도 했다.

숲 속으로 어느새 새벽이 다가오고 있었다.

2003. 10.

폐차와 함께 사라진 것들

승용차를 폐차시키려 한다. 십 년이 채 안 되어 사람의 나이로 친다면 나 정도쯤 된 듯해 여기서 버리기엔 좀 아쉬운 마음이 들었다. 삶의 여정에서 중요한 한때를 함께한 자동차를 폐차한다 하니 서운한 마음이 여간 아니다. 일그러진 곳 몇 군데 판금하고 잡소리 나는 원인을 찾아 손보면 앞으로 수년은 더 사용할 수 있다고 생각하니 자꾸만 아까운 생각이 들었다. 그러나 현재 사용하고 있는 화물차가 내 생활용도에 맞는 데다가 서 있는 날이 더 많은 승용차는 결국 폐차하기로 마음을 정하게 되었다.

편리한 운행을 위하여 설치했던 약간의 장치를 풀었다. 기왕 버릴 것이니 아직도 쓸 만한 물건을 남겨 둘 필요가 있겠는가. 운전 중 자동차 측면 사각(死角)지대의 형편을 바로 보기 위한 볼록렌즈 백미러와 보조핸들 그리고 소형 소화기와 장식용 작은 나무십자가 하나가 고작이다. 수납장 안에 있는 잡동사니까지 꺼내어 정리하자니 이런저런 추억이 떠오른다. 자동차로 인한 여러 가지 옛일들이 생각나 낙엽 떨어지는 넓은 뜰에서 일손을 놓고 한동안 괜한 시간을 보냈다.

제조업을 운영하던 시절엔 6인승 1톤 화물차를 즐겨 탔다. 연료비가 절약됨은 물론이고 시야가 넓어서 운전하기에 여간 편한 것이 아니었다. 아내는 물론 노모와 이웃들까지 승용차보다 편리한 이점에 대해서 공감하고 지냈다. 그러나 우리 집 아이들은 그렇지 않다는 것을 알게 된 것은 몇 년이 지나서였다.

가당치 않은 이유로 승차를 거부하는가 하면 어쩌다가 함께 자동차를 탔어도 불만스러운 표정이 역력히 보이는 것이었다. 승용차가 아닌 화물차를 타는 것을 부끄럽게 여긴다는 것을 알았지만 아직 철이 들지 않은 데다 감수성이 예민할 때이니 그러는 것도 무리는 아니다 싶어 모른 체하고 지냈다.

아이들이 좀 더 커지고 검은색 중형 승용차를 구입했다. 새로 산 자동차는 우리 가족의 충실한 수족이 되어 가정생활이나 사회생활에 있어서 참으로 긴요한 필수품으로서의 쓰임새를 다했다.

추운 겨울밤, 히터로 데워진 차내의 안락함을 얼마나 감사한 마음으로 운행했던가. 아내와 동행하던 지방 출장길, 호젓한 산길을 돌아가면서 느끼던 행복감은 지금 생각해도 소중한 추억으로 남아 있게 되었다. 다시는 돌아오지 못할 곳으로 떠나신 노모께서는 내가 자동차 다루는 것보다 더 귀하게 여기신 것도 폐차하는 마음을 아련하게 했다. 반복되는 일상사에 싫증을 느끼던 어느 날 자동차와 함께한 무단가출로 인하여 가족들에게 걱정을 끼치던 어처구니없던 기억 등 자동차로 인한 많은 추억들이 수도 없이 떠오른다.

그동안 자신도 알지 못한 채 미납된 세금이나 과태료는 없는가. 이것들을 확인하기 위해서 자동차 등록사업소를 찾았다. 등록원부라는 것을 신청하여 내용을 확인했다. 체납된 것이 무엇이 있을까 싶어 자신 있게 받아든 서류에서 의외로 압류된 항목이 먼저 눈에 띈다. 얼른 떠오르는 기억이 없는데 분명 주민등록번호와 이름이 본인이다.

1998년 4월, 경기도 가평 경찰서장의 명의로 압류되어 있는 내 검은색 승용차. 속도위반으로 인한 과태료 미납이 원인이다.

아직도 아물지 않은 아픈 기억 속에 그날이 떠오른다. 독신으로 살던 누이동생이 있었다. 여동생은 여러 번의 결혼 기회를 큰 이유 없이 거부하고 신학대학을 마친 후 기독교 전도사가 되었다. 큰 교회에 봉직하면서 맡은 일에 열심을 다하던 중에 어려서부터 꿈꾸던 것이었다며 불우한 이웃을 위한 보호시설을 만들기에 이른다. 살고 있던 아파트를 처분한 자비로 춘천시 외곽에 무의탁 노인들을 위한 양로원을 만들었다. 노인들 외에도 지적 장애인, 오갈 데 없는 어린이들을 위해 의식주는 물론 기독교 신앙에 의한 돌봄으로 헌신하고 있었다.

몇 년이 지났으나 바쁘게 살아야 하는 일과는 끝이 없었다. 마음 편한 휴식의 기회는 좀처럼 이루어지지 않았고 먼 곳에서 새로 들어오는 식구가 있다면 그 밤을 도와서라도 데려와야 했다. 노인들의 간병과 사망으로 인한 궂은일을 피할 수 없어 피곤이 누적되었을 것이다.

가족들이 살고 있는 서울 본가를 찾아온 것은 그 무렵이었다. 병색이 완연한 모습이었는데 그 몰골을 바라보는 가족들의 마음은 찢어질 듯 아팠다. 그 생활을 그만 접으라는 주위의 만류를 한마디로 거절하고 되돌아 나가는 모습에는 아무도 말릴 수 없는 단호함이 있었다. 개인의 영리를 위한 야망을 달성하는 데도 사명감과 희망과 적합한 계획이 없으면 성공하기가 쉽지 않을 터인데 사회적인 복지업무를 감당하는 공인으로서 개인적인 사정과 형편을 앞세울 수는 없었을 것이다. 자신의 육신이 꺼져 가고 있다는 사실을 알았으면서도 가족들의 만류대로 포기하고 편하게 쉴 만한 성격이 아니었기에 하던 일을 묵묵히 계속했던 것이다.

서울에서 춘천이라는 먼 곳까지 혼자 보낼 수가 없어 오늘 폐차하려는 검은색 승용차를 타고 함께 동행하게 되었다. 수십 명의 가족들이 기다리고 있어 하루도 비울 수 없는 그곳으로 향하는 길에 가평군을 지나게 되었다.

북한강 물이 내려다보이는 한적한 산길을 돌아갈 때였다. 동생의 병세를 확인한 나는 그만 운전대를 더 이상 쥐고 있을 수가 없었다. 이미 병원에서는 깊어진 병세를 운명에 맡기라는 위로 아닌 선고를 하고 난 후였다고 했다. 세상의 어느 영웅일지라도 초연할 수 없는 죽음에 대한 선고를 착하고 여리고 순진한 여인의 몸으로 어찌 혼자서 감당해 왔단 말이냐.

"오빠, 나 천국 가는 건 좋지만 나 가고 나면 엄마는 어떻게 살아?" 그렇다면 자신의 운명에 대한 모든 것을 받아들이기로 이미 작정했다는 말인가. 오늘 모처럼 다니러 와서 어머니와 어린 조카들과 오라비 내외를 만난 것은 생의 마지막 수순인 작별인사를 하기 위함이었구나. 한숨 섞인 절규를 나는 삭일 수가 없었다.

만약 동생이 이 세상을 떠난다면 엄마뿐 아니라 나 역시 살아 낼 자신이 없을 것 같았다. "약한 생각 하지 말고 기도하면서 싸워 보자. 그분의 연단일 수도 있어." 위로의 말이라고는 했어도 정녕 그분의 뜻이 어디에 있는지는 나 역시 어찌 알겠는가. 닥쳐오고 있는 불행의 그림자를 강하게 부정하려는 마음에 자신을 억제하면서 순간적으로 가속페달이라도 힘껏 밟았을 것이다. 그때에 속도감지 무인카메라가 작동한 것이고 이날의 속도위반으로 인한 과태료 납부는 그 후에 닥쳐온 슬프고도 험한 일을 치르면서 까맣게 잊고 지냈던 것이다.

가을은 더욱 깊어졌다. 나와의 인연을 끝내려 하는 자동차와 마지막 운행도 그러하지만 정들었던 자동차와 영원히 헤어진다는 사실이 마음을 섭섭케 했다. 갈걷이 뒤의 황량한 빈 밭, 억새꽃이 바람에 날리는 산길을 달려 도착한 곳에서 운행을 마쳤다. 수명을 다한 자동차의 골체들이 마치 산을 이루듯이 쌓여진 폐차장 한쪽에 자동차를 멈추었다. 십 년 가까이 우리 곁을 떠나지 않은 손때 묻은 열쇠를 받아든 종사원은 아무렇지도 않은 표정으로 사무실로 가라는 말을 턱짓으로 대신하곤 그만이었다.

그 많은 자동차의 유해들은 다른 많은 폐차들과 어울려 어디론가 떠나 버릴 것이다. 내 인생의 중요한 한때를 함께했던 자동차는 그리운 추억과 함께 사라져 갔다. 그러나 내 곁을 떠나간 것이 어찌 자동차뿐이랴. 슬픔을 견디지 못하신 어머니마저 그다음 해 이른 봄에 막내딸이 먼저 가 있을 곳으로 떠나가셨다. 사람들도 추억도 그 시절도 모두 내 곁을 떠났는데 이 가을마저도 내 곁을 떠나가는 것이 자꾸만 아쉬워진다.

2004. 11.

목련이 다 지기 전에

　며칠 사이에 목련이 활짝 피었다. 겨우내 이어진 한파와 심한 꽃샘 추위 때문이었는지 4월도 하순에 접어들어서야 겨우 꽃잎을 터트렸다. 연한 미색으로 가지마다 피어난 꽃송이는 어머니가 아껴 입으시던 명주 한복 저고리 색깔처럼 곱기도 하다. 많은 꽃 중에서 품격을 찾으라면 색깔이 원색에 비해 고상하고 웬만한 바람에도 한들거리지 않아 중후한 꽃 목련을 꼽고 싶다.

　하얀색 목련은 대하기가 조심스럽다. 꽃잎이 금방 손때에 상할 것 같기도 하지만 대중 속에서도 빛나는 귀부인처럼 그 모습이 돋보이기 때문이다. 목련은 피어 있는 기간이 짧아 더욱 귀한 느낌이 든다. 개화하고 하루 이틀 상관에 여지없이 그 수명을 다하게 되는 것을 보면 귀한 시절은 빨리 지나가 버리는 것 같은 이치를 깨닫게도 한다.

　그 옛적 어머니 생신날 마당에 피어난 목련으로 집 안은 환해졌고 어머니 얼굴은 꽃보다 더욱 환하게 빛이 났다. 이날에 찾아오던 자녀 손들로 흐뭇해하시던 어머니의 기쁜 마음은 지금 어디에서 찾을 수 있을까. 많은 손님을 대접하고도 뒤치다꺼리를 책임져야 할 아내의 표정까지도 기쁨으로 가득하던 날, 우리는 온 가족이 한자리에 모이는 이날을 손꼽아 기다렸다. 출가한 세 딸과 사위들, 그 밑으로 여러 외손들까지 많은 열매들과 즐기는 잔칫날이었기 때문이다.

　목련이 귀하게 느껴지는 이유가 있다. 가지 끝에서 피어난 꽃송이의 자세가 다른 꽃들과는 다르다. 다른 대다수의 꽃들은 고개를 숙인 것도 있고 이파리 뒤에 숨어서 남모르게 피어나는 것들도 있다. 더러는 곁길로 빠져 나가 좌우편의 꽃잎들과 다투기도 한다. 그러나 목련은 누구를 시샘하거나 방해하지 않고 하늘을 향해 날개를 활짝 편 모습이어서 더 귀하게 보인다.

　마치 선녀의 손길로 받혀져 저 위 높은 곳으로 드려지는 성스러운 제물 같기도 하다. 세 잎씩 세 묶음의 안정된 모습은 아홉 잎으로 한 송이를 이루어 넘볼 수 없는 기품이 엿보인다. 천상에서나 피어날 꽃잎이 인간들의 속된 정신세계를 정화시키기 위해 이 땅으로 내려온 것이 아닐까 하는 상상도 하게 만든다.

　어머니를 묻어 드리고 삼우제를 지내던 날 묘역 주변으로 목련나무 몇 그루를 심었다. 영원한 세월을 혼자 누워 계시자면 당신의 영혼인들 얼마나 외롭고 지루할까 싶어 평소에 좋아하던 나무라도 함께 하시라며 목련을 심었다. 봄이면 온종일 뻐꾹새가 울어대는 호젓한 산속에 심어진 목련나무는 해마다 실하게 자랐다. 굵어지기도 했지만 까마득히 올려다봐야 할 만큼 성장한 나뭇가지에 목련은 해마다 소담스러운 꽃을 피워냈다. 묘목 묶음을 어깨에 메고도 거뜬하게 올라가던 그때의 나는 이제 고희가 바라보이는 고개에 올랐다.

　한낮의 투명한 햇살을 받고 웬만한 바람에도 의연한 순백의 송이들은 주변까지 꽃빛으로 환하게 물들인다. 꽃을 바라보는 시각에 따라서 뒷배경이 어두운 그늘일 때는 완연한 백색이라는 통념이 틀리지 않다. 그러나 좀 더 가까이에 두고 관찰해 보라. 그것은 온전한 하얀 색깔만은 아니다. 새벽길 나뭇가지 위에 쌓인 눈처럼 티 없는 백색이라면 쌀쌀한 느낌도 없지 않으련만 마치 잘 익은 수밀도의 속살처럼 오묘하고 부드러운 꽃잎은 온화한 느낌마저 든다. 천사의 옷자락이 저러한 색깔이 아닐까. 순결하고 우아한 모습에 범접(犯接)할 수 없는 기품이 있어 '이루어 질 수 없는 사랑'이라는 꽃말을 갖게 되었을 것이다.

그런데도 목련꽃은 겸손하다. 피었다가 그만 돌아가야 할 때를 아는 꽃이다. 해토되지 않은 언덕길을 노란색으로 물들이던 산수유는 꽃샘추위 속에 찾아왔다가 봄이 농익을 때까지 꽤 오랜 날들을 그 자리에 머물러 있다. 그러나 목련은 하루 이틀의 꽃 잔치를 마치고는 이내 돌아간다.

새벽에 일어나 목련꽃 길을 걷노라면 지난밤에 낙화된 꽃잎들이 저마다 검붉은 상처를 안고 땅 위에 널브러져 있다. 오랜 기다림 끝에 피어난 것에 비해서 개화 기간이 너무 짧다는 것과 상처받고 누운 목련꽃잎들을 보고 정갈치 못하다며 홀대하는 이도 있다. 그러나 호흡을 거둔 육신치고 아름다운 생명체가 어디에 있으랴. 목련은 곧이어 피어날 수수꽃다리의 달콤한 향기에게 자신이 받던 감탄사를 양보하고 떠날 줄 아는 겸손한 꽃이다.

먼 길을 떠나시던 날 어머니는 엷은 미색 명주 저고리를 입으셨다. 예의를 지켜야 할 곳에 가실 때 입으시던 한복이기에 일생 최대의 예의를 갖추어야 할 사후의 세계로 들어가는 날 마지막 정장으로 활짝 피어난 백목련 색 비단 치마저고리를 입혀 드렸다. 수의로 갈아입으실 때까지 불과 하룻밤이라는 짧은 시간이었어도 천사들의 영접을 받을 때 목련 빛 비단옷은 예절도 그러하지만 어머니의 좋은 인물과 체구에 참 잘 어울리셨을 것이다.

우리는 몇 번의 이사로 목련꽃 피던 집을 떠난 지도 오래되었다. 집 안을 떠들썩하게 만들던 그때의 어린 열매들은 바르게 성장했고 각자의 길에서 큰 몫을 감당하는 성인이 되어 자식들에게 존경받는 부모가 되었다. 뿐만 아니라 이 나라를 떠나 미국에서, 유럽에서, 혹은 동남아에서 나름대로 성공한 삶을 살고 있는 것을 어머니께서 아신다면 얼마나 대견해하실까.

만나고 싶을 때 만날 수 있는 그들이 있어 좋다. 쉽게 올 수 없다 해도 비행기를 타면 수 시간 지나 닿을 수 있는 거리에 살고 있다는 것을 떠올리면 내게 큰 위로가 된다. 그러나, 그러나, 간절하게 보고 싶은데 갈 수도 올 수도 없는 나라에 살고 있을 어머니와 또 다른 형제들은 언제쯤이나 만나게 될는지. 내가 찾아가지 않으면 만날 수 없는 나라, 먼저 가서 하늘에 살고 있을 내 붙이들도 목련꽃 피던 그 집, 그 시절을 기억하고 있을까.

햇살에 빛나는 목련꽃을 보면서 쉽게 지나가 버릴 계절에 대한 아쉬움과 나이 들수록 더욱 새로워지는 어머니와의 추억으로 이런저런 생각에 젖었다. 목련이 다 지기 전에 어머니 산소에나 다녀와야겠다.

2010. 4.

문상을 다녀오며

　가까이 지내는 선배의 부친께서 돌아가셨다. 수년 전에 아흔을 넘기셨는데 노환으로 일주일쯤 누워 계시다가 어제 새벽에 운명하셨다는 것이다. 기독교식 장례규정에 의해서 유가족들의 울음소리는 들리지 않아도 빈소에는 숙연한 분위기와 함께 국화향기가 은은하게 번지고 있었다. 헌화하는 것으로 예를 마친 후 식탁에 둘러앉아 문상온 동료들이 권하는 두어 잔의 소주를 마신 탓으로 무겁던 기분은 적당히 풀어졌다.

　우리는 인간의 삶과 죽음을 주제로 이야기했다. 인생의 후반부를 내려가고 있는 우리들에게 어떻게 살 것인가보다는 어떻게 죽을 것이냐 하는 것이 더 큰 관심사가 되었다. 사람은 태어나면서부터 죽음을 짊어지고 사는 것이라고 하지만 죽음의 형태에 대하여는 아무도 예측할 수 없다.

　그러나 여기 돌아가신 어른처럼 세상을 떠날 수 있게 되기를 모두가 염원하고 있었다. '구구팔팔이삼사'라더니 건강하게 구십수를 누리시고 일주일 누워 계시다가 가신 것은 누구라도 복받은 죽음이라 할 수 있기 때문이다. 발인절차를 논의하는데 들어 보니 내일 아침 화장으로 모신다는 것이다. 잠시 의아해하는 우리에게 선배는 해명처럼 이야기한다. 고인의 평소 뜻이 화장을 원하셨으며 유언도 그렇게 하셨다는 것이다. 자손들도 모두 선친의 유지를 따르기로 했다는 말을 듣고 바람직한 선택을 하신 어르신과 가족들에게 마음속으로 경의를 표했다. 선산이 있고 또 공원묘지에 모실 만한 재력이 충분한 입장에서 화장을 택하기는 쉽지 않았으리라는 판단 때문이다.

매장이라는 장례문화가 국가시책에 어긋나기 때문만은 아니다. 좁은 국토, 여의도 면적의 몇 배가 묘지로 잠식된다는 통계상의 수치, 또는 삼천리가 묘지 강산이라는 등 비아냥거림의 문제만도 아니다.

조상의 묘를 남겨 후세들을 위한 교훈이나 역사적 자료로서의 가치가 있다면 모를까 그렇지 않다면 수백, 수천 년간 고분으로 남겨 둘 필요는 없다고 본다. 이미 조성되어진 묘라도 언젠가는 유골을 수습하고 화장을 해서 진정 흙으로 되돌려 드려야 한다는 것이 평소의 내 생각이다. 그러나 과정의 일들이 후손들에게 심적(心的), 혹은 물적(物的)으로 여간 부담을 주는 것이 아니다.

내 외가는 어머니 대(代)에서 절손(絶孫)되었다. 외조부께서는 그 시절에 합리적인 방법으로 사업을 일으키시어 적지 않은 재산을 모으셨다. 그러나 어느 해 창궐했던 전염병에 아내와 아들을 잃는 시련을 당하셨다. 중년에 접어들어 어린 아들 하나가 딸린 조신한 과수댁을 후취로 맞아들여 다시금 인생을 시작하셨다. 그리고 후처에게서 내 어머니와 그 아래 이모를 얻으셨다.

아들 낳기를 바라시던 외조부는 가문의 대를 잇고자 후처가 데리고 들어온 아들을 자신의 성씨로 가계에 입적시키신다. 부유한 여생을 보내시던 외조부는 두 따님을 모두 출가시킨 후 돌아가셨다. 뒤이어 내가 외숙이라고 부르던 그는 본래의 성을 되찾아갔다. 그리고 오랜 세월이 흐른 뒤 그 외숙의 후손들은 많은 전답을 처분했다. 탄탄했던 가세는 전만 같지 못하고 끝내는 우리와의 인척관계마저 소원해지고 말았다. 이렇게 되어 외가는 절손되기에 이른 것이다.

어머니와 이모님께서는 평생을 가까이 의지하며 사셨다. 넓은 서울에서 언제나 이웃을 떠나 살지 않았으며 애틋한 정을 나누며 서로 우애하셨다. 부모를 사모하는 정이 스러질 때가 되었건만 자매 분은 그 옛날을 어제일같이 기억하며 그리워하셨다.

수년 전 어느 가을, 나와 이종 아우를 앞세운 두 분은 외조부모께서 묻히신 묘지로 향했다. 다듬어진 묘역 주변 잔디에서 간단한 의식을 마친 후 인부들의 손을 빌려 삽질을 시작했다. 해마다 음력 칠월이면 외손에 의해서 벌초받으시던 무덤의 흙더미가 반세기가 지나 파헤쳐지게 된 것이다. 당신께서 이룩한 재산에 의해서 장만된 그 토지의 무덤 속에 잠들어 계시던 외조부모님이 이제 한 줌 연기로 변해 끝없는 창공을 마음껏 날 수 있게 된 것이다.

오십여 년이 지나 고분이 된 그 속에서 합장으로 모셔진 두 분의 육탈된 모습이 잠시 햇빛을 보셨다. 바라보기도 섬뜩한 유골이지만 평생을 그리워하던 두 따님의 곁으로 잠깐 모습을 드러내신 것이다. 영혼이 떠나간 뒤의 육신이란 하나의 물체에 불과한 것이나 두 따님께서 조심스럽고 소중하게 다루며 눈물을 흘리신 것도 잠시 외조부모님의 유골은 이내 화덕 속에서 연기로 사라지고 말았다. 연로하여 기력이 떨어짐을 우려한 자매 분께서 생전에 해야 할 정리라고 하면서 실행에 옮기신 것이다.

골짜기로 퍼져 나가는 연기를 보면서도 노 따님들은 눈물을 글썽

이신다. 하얀 유골의 가루를 산바람에 날려드리며 어머니는 내게 말하신다. "나 죽거든 화장해서 이런 번거로운 일 하지 말게. 분주한 세상에 때마다 조상 성묘 다니기가 그리 쉽겠나?" 그러고는 내가 내 선친 묘에 하고 있는 지금의 모습을 보면 알 수 있다며 불효하는 아들의 양심을 찌르기도 하셨다. 진정이라는 말을 되풀이하며 반드시 그렇게 해 달라는 부탁을 유언으로 남기셨으나 몇 년 후 나는 그날의 약속을 지키지 못했다. 허망한 마음을 조금이라도 위로받기 위한 산자(者)의 이기심으로 매장을 고집했던 것이다.

지난 일들을 회상하며 잠시 숙연한 마음에 젖었다. 분향소 안으로 새로운 조문객이 도착했는지 빈소에는 낯선 이들이 줄지어 예의를 차리고 있었다. 서너 순배의 술잔이 더 돌았고 우리 일행 모두의 마음은 한껏 열려 있었다. 자신의 나이를 육학년 졸업반에 비유하는 어느 일행이 말한다. 죽음을 통해서 남들에게 유익을 주는 방법도 있다는 것이다. 그것은 시신을 대학병원에 기증하는 것인데 자신은 이미 결정했다며 카드 모양의 작은 약정서를 내보이는 것이다.

연구용 시신이 모자라 의과대학생들이 동남아 국가로 떼를 지어 실습 여행을 하고 있다는 사실, 시신 1구에 실습생 6명이 한 조가 되어야 하는데 우리의 실정은 20명씩이나 묶을 수밖에 없다는 형편, 절대 부족한 실습용 시신을 외국에서 수입한다는 생소한 이야기 등 관심 갖지 않아 모르던 딱한 일들을 전해 들었다.

돌아오는 길, 혼자서 생각에 잠긴다. 언제일까 내 하나님께서 부르시는 날엔 하던 일 모두 중단하고 돌아가야 한다. 추하지 않고 고통 없이 가고 싶은 염원은 내 뜻대로 할 수 없으니 절대자이신 그분께

맡기기로 한다. 그러나 사람으로서 할 수 있는 일, 매장 혹은 화장 문제에 대하여는 혼란스럽지만 가닥이 잡힌다. 더 바람직한 방법은 시신을 기증하는 일이라 생각하면서 늦은 밤 귀가를 서둘렀다.

눈 섞인 바람이 차갑게 스치고 지나간다.

2000. 11.

윤우의 눈물

어제는 오래전에 돌아가신 내 아버지의 기일이었다. 우리는 기독교 가정인 고로 제삿날은 종교의식에 준하여 지낸다. 홍동백서와 좌포우혜로 제사음식을 진설(陳設)하거나 향불에 지방문을 써 붙이지 않고 간단하지만 경건한 마음으로 추도 예배를 드린 지는 삼십 년쯤 되었다.

아내와 나 그리고 일찍 퇴근해 들어온 아들과 딸 내외, 윤우도 한 자리 차지하고 앉아 하나님께 예배를 드렸다. 찬송가 190장을 부르고 신앙고백과 간단한 권면의 말씀으로 우리들 신앙의 뿌리에 미력하나마 적은 양분을 주었다고 믿으며 순서에 따라 기도를 드리게 되었다.

평안한 삶을 허락하신 하나님의 은혜에 감사하는 내용과 돌아가신 부모님 생전에 잘 못해 드린 불효에 대한 회개의 기도를 하고 끝으로 윤우네 가정에 대한 기도를 했다.

"머지않아 우리 곁을 떠나 외국에서 살아갈 터인데 환경과 기후의 변화에 잘 적응케 하셔서 회사에서 맡은 직분도 잘 감당하게 하시고 특히 건강을 지켜주시옵소서. 하루가 다르게 자라나고 있는 윤우가 하나님 자녀로서 더욱 지혜롭게 성장할 수 있도록 보살펴 주시고……"

이러한 내용의 기도를 끝으로 '사철에 봄바람 불어 잇고……' 찬송가를 부르는데 내 맞은편에 앉아 있는 윤우와 눈이 마주쳤다.

오늘 따라 조용하게 예배에 참석하는 모습이 참 대견스럽다. 다른 때 같으면 예배 중이거나 말거나 장난감 자동차나 공룡 모형에 빠져 있었을 텐데 경건한 분위기를 알고 자중하는 것 같아 내심 기특하다는 생각을 했다. 그런데 가만히 보니 윤우의 눈이 발갛게 충혈되어 있다. 뿐만 아니라 두 눈에는 금방이라도 떨어질 듯 눈물이 가득 고여 있는 것이 아닌가. 막 터질 것 같은 울음을 애써 참는 것 같더니 식구들의 시선이 자기한테로 쏠리자 북받치는 설움을 더 이상 견디지 못하고 마침내 울음을 터트리고 말았다.

아이가 지금보다 한참 어렸을 때에도 이유 없이 울거나 보챈 적이 별로 없었다. 혹 울더라도 잠깐 만에 그쳤고 우는 소리도 G선의 음률처럼 안정되어 듣기에 그리 시끄러운 편은 아니었다. 오죽하면 귀공자처럼 잘생긴 외모에 울음소리마저 품위를 지녔다며 부드럽고 정겹게 느꼈겠는가. 어린아이들 울음소리의 파장은 데시벨이 높은 관계로 신경을 자극해 짜증스럽기 마련인데 부드럽다니 내 핏줄이기 때문에 너무 관대한 잣대를 적용하는 것이 아닐까. 하지만 실제로 아이의 우는 목소리는 순하고 연하다.

아이가 태어나고 백일이 지나서부터는 남의 손에 도움을 받아 키우게 되었다. 주로 같은 아파트 내에 있는 육아시설에 맡겨졌는데 두 돌이 채 안 되었을 무렵 다니던 어린이집을 쉬게 하고 우리와 함께 며칠 동안을 보낸 적이 있었다. 아이가 심심치 않게 데리고 놀고 흥미를 유발해 주는 데는 오히려 엄마보다 더 요령이 있는 할머니와 함께 지내니 윤우는 종일 깔깔대면서 시간을 보냈다. 아기의 냄새까지도 좋아하고 혈연관계가 아닌 다른 집 아이라도 천성적으로 좋아하는 아내인데 우리의 핏줄인 윤우를 얼마나 사랑해 주었을까.

우리의 여유 시간이 끝나던 날 오후에 윤우를 어린이집으로 데려다 줄 때였다. 분위기를 눈치로 깨달은 윤우는 제가 가야 할 곳이 가까워질수록 표정이 어두워지더니 마침내 건물 현관 앞에 도달하니 손사래를 쳐가면서 막무가내로 우는 것이었다. 표현할 줄 아는 몇 안되는 자신의 의사인 "아니야, 아니야"라며 내 품을 떠나지 않으려고 발버둥을 치는 것이었다. 품에서 내리지 않으려 하는 아이를 강제로 떼어놓고 나올 때 윤우는 정말로 어른처럼 서럽게 울었다. 뒤에 남겨두고 우리의 처소로 돌아가는 길 내내 아내도 울었고 나 역시 측은한 마음으로 오랫동안 처연한 마음이 들었다.

또 한번은 그보다 더 어렸을 때였는데 가지고 놀던 헬리콥터 장난감을 잃어버린 뒤였다. 아파트 놀이터 근처 풀섶에 떨어뜨리고 들어와서는 다시 그것을 찾으러 나가자는 의사를 말로 표현치 못할 때였다. 의중을 알지 못한 어멈은 아이를 겨우 달래서 데리고 그날 밤을 재울 때 아이는 또 그렇게 울면서 보챘다. 가지고 놀다가 떨어뜨려서 잃어버린 장소를 알고 있어 다시 그곳에만 가면 찾을 수 있겠다 싶은데 의사를 표현할 수 없으니 울음으로 대신했던 것이다.

물론 다음 날 아침 일찍 제 어미를 끌고 나가서 잃어버린 헬리콥터를 기어코 찾아왔다. 윤우는 어려서부터 이유가 분명한 일로 인해서만 울음을 터트렸던 것이다. 아이는 어리지만 감성이 풍부하고 하는 짓이 신사적이다.

오늘 울음을 터트린 것에 대하여 예배가 끝나도록 생각해 봤다. 이제는 자신의 의사를 마음대로 표현할 줄 알기 때문에 녀석의 의중을 물어보면 안다. 가슴속에서 밀려나오는 듯한 통곡 소리는 얼른 안아주고 싶은 마음이 들 만큼 애절하다. 예배는 아직 끝나지 않았고 막 시작한 찬송가는 앞으로도 두 절이나 더 남았는데 아이는 울음을 그치려 하지 않는다. 신앙을 권면하는 성경적인 메시지를 이해해서 하나님의 성령이 그 어린것한테 감동으로 임한 것일까.

그러나 그렇지 않다. 원인을 추측하고 나니 분명한 이유를 알 만했다. 따라서 내 마음도 울컥해지는 것이었다. 어린것의 생각에 고통스럽다거나 욕구불만에서가 아닌 또 다른 그 무엇이 마음을 울리는 것이었다. 그런데 그러한 마음은 나뿐만이 아니고 온 가족이 같은 느낌을 받은 것 같았다. 울고 있는 윤우를 달래려고 시도하는 이가 아무도 없는 것으로 보아 마음속으로는 함께 눈물 훔치고 있었던 것이 아니었을까. 찬송이 끝나고 주기도문으로 추도예배를 마친 뒤에 윤우는 어미 품에 안겨서 제 방으로 돌아갔다. 한참 만에 울음을 멈추고 어린아이답게 또 다른 놀이에 빠져 있을 때 딸이 돌아와서 말했다.

제 방으로 돌아간 윤우가 어미한테 말했다는 이야기의 내용을 듣고 가슴이 뭉클해졌다. "엄마 나 홍콩 가지 않을래요…… 여기서 할머니 할아버지하고 같이 살래요…….." 윤우는 할아버지의 기도문을 듣고 나서 자신이 가야 한다는 외국행에 대해서 심각하게 고민을 했나 보다. 며칠 전에 할미가 "윤우가 외국으로 떠나면 할머니는 외로워서 어떻게 살지?"라는 물음에 할머니도 같이 가자며 울음을 터트렸던 그날의 섭섭했던 기억이 내 기도내용을 들으면서 또다시 생각났던 것이 분명하다.

윤우는 이 집과 정든 할미와 할아버지로부터 떠나가기 싫어하고 할머니나 할아범 역시 윤우를 낯선 땅으로 내보내기 싫다. 그러나 어찌하랴. 하고 싶어도 할 수 없는 일이 있는가 하면 하고 싶지 않은 일도 하지 않으면 안 되는 것이 인생인 것을…… 오늘 흘린 감성적인 눈물의 의미를 잊지 말고 건강하게 성장하고 신실한 모습으로 살아가기를 바랄 뿐이다.

2011. 7.

박씨 어르신의 이별 법

어느 날 우리 집 주차장 귀퉁이에 경승용차 한 대가 주차되어 있었다. 아침나절에 발견한 자동차는 저녁이 되어도 그 자리에 그대로 서 있는 것이다. 마을 주민들 중에서 누군가가 이곳에 주차할 수밖에 없는 사정이 있었겠지 하는 마음으로 그날을 보냈다. 그러나 마음속 한 구석엔 혹시…… 하는 예감이 머리를 스치는 것이었다.

이튿날 아침에 주차장으로 내려가 보니 어제의 그 자동차가 그 자리에 그대로 서 있는 것이다. 주차장 아래 정문 밖은 박씨 어르신이 혼자서 살아가고 있는 집이다. 이왕 내려온 김에 어르신을 뵙고 잠깐 인사라도 드릴 겸 그 댁 파란색 철 대문을 두드렸다.

시력이나 청력에 있어서도 젊은이 못지않으신 어르신이 얼른 대문을 열어 나를 맞이하며 반가워하신다. 노인은 언제나 햇볕 바른 남향 거실에 앉아 책 읽기를 즐기신다. 역시 최근호 시사 잡지를 뒤적이시는데 내가 방문한 것이다.

"아참, 권사님 주차장에 차 한 대 주차되어 있지요?" 하신다. 그러면서 내용을 이야기하는데 내가 혹시…… 하며 예감했던 그대로 적중했던 것이다. 어르신은 잊어버리고 내게 미리 양해를 구하지 못한 것에 미안한 생각을 하고 계셨다. 물론 괜찮다며 위로해 드리고 다른 것을 화제로 나누다가 올라왔다. 역시 그랬구나. 그 자동차는 바로 어르신의 여자 친구가 타고 왔다가 잠시 주차해 놓고 돌아갔던 것이었다.

다음 날은 토요일이었다. 시즌이 지나간 이곳은 한가한 나날이 이어진다. 점점 단풍이 곱게 물들어가는 산마을의 토요일, 숲속은 하루가 다르게 나뭇잎이 물들어 가면서 황금색 가을이 깊어진다. 청명한 주말의 오전시간인데 자동차의 주인으로 보이는 한 여인이 나타났다.

호기심도 있었지만 자동차를 더 안전한 곳으로 이동해 달라는 부탁을 하려 주차장으로 향했다. 나를 보더니 이미 알고 있었던 것처럼 그녀가 먼저 인사를 건넨다. 그리 크지 않은 체구에 미모랄 수는 없어도 티 없어 보이는 편한 인상의 비교적 젊은 여인이다. 40대 중반이라 했으니 그렇게 짐작이 갔다.

다른 차량의 움직임에 지장을 주지 않을 만한 곳으로 옮겨서 주차해 달라고 부탁을 하니 죄송하다며 얼른 옆으로 비켜주는 것이었다. 살가운 말씨로 위로해주며 이야기 상대가 되어준다던 어른신의 여자 친구가 바로 이 여인이었구나……. 말년의 노인을 공경하며 말벗이 되어 드리는 이 여인의 마음씨가 사뭇 고맙게 느껴졌다.

아무려면 서울에 살면서 생활전선을 외면할 수 없는 경황 중에 그것도 정기적으로 시간 내기가 그리 쉽기만 할까. 한적한 시골마을의 정취를 싫어하지 않는 여인의 다감한 정서도 퍽 따뜻하게 느껴졌다. 그녀의 신상에 대해서 무엇인가 알고 있다는 것이 조금이라도 불편함을 줄 것 같아 나는 얼른 자리를 비켜주었다. 모쪼록 오랫동안 교제하면서 어르신과 애틋하고도 고상한 추억을 만들게 되기를 진심으로 바랐다.

그 후로도 가끔 그녀의 근황에 대해서 궁금해하면 어르신 역시 자연스럽게 대답해준다. 별스러운 찬거리도 준비해 오고 때로는 노인의 클래식 기타 반주에 맞춰서 동요나 옛 가요도 함께 부르면서 창밖으로 흩날리는 낙엽을 바라보며 명상에 잠기기도 했다고 한다. 세월의 바늘을 원하는 만큼 되돌릴 수 없는 한 이들의 관계를 그 이상 진전시킬 수는 정녕 없는 것일까.

그 가을이 지나고 섣달도 중순에 접어들었다. 성탄절을 앞둔 어느 날 어르신께서 운동 삼아 나오셨다며 나 살고 있는 윗마을을 찾으셨다. 마침 한가한 시간이라 햇살 바른 사무실 창가에 앉아 엽차에 따듯한 물을 부으며 안부를 물었다. 추워지는 날씨에 대한 이야기와 멀리 떨어져 살고 있는 자녀들에 대한 노인다운 걱정을 이야기하며 차를 마시는데 내가 또 물었다. 궁금한 일이기도 하지만 오랫동안 원만한 친구 관계가 유지되기를 바라는 내 속마음을 어르신도 이해하고 있기 때문에 어렵지 않게 질문할 수 있는 것이다.

"이제 그만 오라고 타일러 보냈어"라고 하며 잠시 허전해하신다. "아직 한창 나이인 젊은 아낙이 나 같은 늙은이를 위해서 세월 보내지 말고 한 살이라도 젊었을 때 좋은 결혼상대를 구해보라"고 타일렀다는 것이다. 처음엔 아니라며 세상 떠나실 때까지는 함께 있고 싶다고 했지만 완곡한 노인의 만류에 그만 수긍하고 받아들이더라는 것이다. 어르신의 표정을 보아서 겉으로는 웃고 있었지만 가슴속에 흐르는 눈물을 보는 것 같아서 마음이 애잔했다.

미완(未完)의 결론인 듯해도 어르신다운 결정을 내렸다는 생각이 들었다. 그러나 그것은 내 머릿속 판단일 뿐 가슴은 쉽게 용납을 하지 않는다. 그냥 그렇게 사시는 날까지 함께하는 것이 어르신의 양심으로는 정녕 허락되지 않는 것일까. 그러나 노인의 결단은 단호하게 느껴져서 그 후로 다시는 화제에 올리지 않았다.

이 글의 전편격인 "박씨 어르신의 여자 친구"라는 수필의 마지막 문단에 내 걱정스러운 견해를 피력한 바 있었다.

> 고목을 감아 올라간 덩굴장미의 **빨간색** 꽃잎 사이에 숨겨 있어 심장까지 파고드는 가시는 없을까. 말년의 노인에게 의도적으로 접근해서 갖은 방법으로 마음을 빼앗고 결국엔 말할 수 없는 상처를 주고 날아가 버린다는…….

그러나 내가 만나본 적이 있는 그 여인은 빨간색 덩굴장미와는 전혀 연관성이 없는 소박한 여인이었다. 농촌 초가지붕에 함초롬히 피어난 하얀색 박꽃에나 비유할까. 여름날 새벽에 조용하게 피었다가 소리 없이 지는 순결한 박꽃은 따듯하고 행복한 선물꾸러미를 가지고 왔다가 애틋하게 떠나갔다. 아마도 어르신이나 그 여인이나 상처를 받기는 마찬가지였으리라. 이후 오랜 시일이 지났어도 우리 집 주차장에 낯선 경승용차가 주차된 적은 한 번도 없었다.

한평생을 살아가면서 가슴속 한두 곳에 상처 없이 살아가는 이가 세상에 얼마나 될까. 상처 없는 인생이 어디 진정한 삶의 멋을 안다고 할 수 있을까.

2007. 10.

원만한 성생활을 위하여

어떤 모임에 참석해서 저녁시간을 보낸 적이 있었다. 약속보다 반시간 정도 늦게 도착했더니 일행들은 벌써 술잔을 앞에 놓고 즐거운 이야기들을 나누고 있었다. 몇 순배가 돌았는지 얼굴마다 불콰하게 취기가 올라 있었다. 내가 들어서자 반갑게 맞아주면서 이내 막걸리 잔이 내 앞에 주어졌다. 모처럼의 만남에 가벼운 마음으로 술잔을 들었는데 좌중 한 사람의 건배사가 파격적이어서 모두가 한바탕 웃었다. 건배사를 제의했던 회원은 평소에도 언어를 구사하는 데 순발력이 있는 데다가 성격도 쾌활한 편이라 어떤 모임에서든 좌중을 웃기기도 하고 진행을 부드럽게 주도하는 중년의 남자였다.

그의 잔이 나를 향하더니 "형님의 원만한 성생활을 위하여……"라고 외친 것이다. 남녀 여러 명이 합석을 했는데 모두들 가볍게 혹은 호탕하게 웃으며 나를 향해 술잔을 들었다. 그러한 건배사를 듣기는 평생 처음이다. 나를 향해서 모두들 민망스러워하면서도 즐거운 척했을 것이라 생각하니 좀 쑥스러운 느낌이 들었지만 뭐 어떠랴. 평소에도 허물없이 지내는 사이인 데다가 연령대가 남녀 모두 지천명의 때는 지났으니 그 정도쯤은 별스럽게 여기지 않으리라는 생각도 들었다. 이러한 건배사는 정말로 나의 원만한 성생활을 위해서가 아니라

유쾌한 분위기로 이끌어가려는 순간적인 언어의 유희였을 것이다.

모인 사람들을 둘러보니 나보다 연장자는 몇 안 되었다. 육십 대 후반의 젊지 않은 인생을 가고 있는 내게 면구스러운 일일 수도 있지만 이러한 분위기에도 자연스럽게 어울릴 줄 아는 것 역시 원만한 성생활만큼 중요한 원만한 사회생활이다. 이와 같은 덕담은 나에게만 해당하는 내용이라기보다는 젊은 축들을 위한 일종의 주문(呪文) 같다는 생각도 들었다.

이제는 오십 대 중후반을 지나고 있을 그들에게 원만한 성생활이란 원만하게 가정을 이끌어 나가는 데 필요한 무시할 수 없는 조건이라는 것을 알기 때문이다. 인생을 대략 80세로 보았을 때 결혼생활은 줄잡아 50년 이상이 될 것이다. 그렇다면 이 긴 세월을 함께 살면서 부부간에 주고받는 상처로 대립하는 경우가 얼마나 많은가. 웬만한 부부갈등이라면 서먹해진 관계라도 하루 이틀 지나며 원초적 본능을 해소하는 사이에 저절로 화해되는 것은 성생활이 있기 때문이 아닌가. 원만한 성생활로 인한 이점은 육신뿐만 아니라 정신적인 건강에도 큰 도움이 된다는 사실을 누구든 부인하지 않을 것이다.

최근 발표된 서울 강남성모병원 산부인과 팀의 발표에 의하면 섹스는 신이 내린 최상의 보약이라고 했다. 그 이유로 콜레스테롤 저하와 다이어트 및 통증완화 그리고 뇌를 자극해 치매예방이나 노화방지 그리고 우울증 치료 등 여러 가지 이로운 부분이 있다는 것이다. 단, 건전하고 정상적인 섹스를 의미하는 것일 뿐 그렇지 않을 경우 많은 부작용이 따른다는 것을 전제로 한 것을 보면 역시 원만한 성생활이 주는 유익함에 대한 학술적 근거는 분명한 것 같다.

그러나 원만한 성생활이란 어느 한쪽의 욕구에 의해서 이루어지는 것은 아니다. 건강한 육신과 심리적으로 평안한 상대역이 있어야 하며 무엇보다도 서로가 사랑하고 아끼는 마음이 있을 때에야 비로소 원만한 성생활이 이루어지는 것이다.

그날의 건배사는 그 자리에 모인 모두에게 부끄러워서 숨겨야 할 제안이 아니라 반드시 지녀야 할 가치 있는 과제였다. 원만한 성생활을 하는 이들이 생각보다 많지 않다는 것은 대중매체를 통해서 널리 알려진 사실이기 때문에 더욱 그러하다. 은밀한 성생활에 대한 정확한 통계는 알려질 수 없겠지만 어떤 수치를 보니까 세계 인구 40대 이상의 남성들 가운데 절반 가까운 이들이 원만한 성생활을 누리지 못하고 있다는 것이다. 우리나라 역시 40대 이후 남성들 가운데 2백만 명 이상이 그러하다는 것을 보면 적은 수치가 아니다. 육체적으로나 심리적으로 안정된 상태에서야 원만한 성생활이 이루어지는 것이라고 본다면 평안하고 싶은 욕구를 저해하는 여건이 얼마나 많던가.

내 나이쯤 된 남성들의 성생활은 어떠할까. 만 65세 이상을 노인이라고 한다면 배우자 역시 그 연령대이거나 그 연령에 상당하는 세대인 것이 보편적인 부부다. 남성인 경우에는 끊임없이 용암을 분출해내던 활화산의 시대는 지났어도 자신의 육신 속에 아직도 꺼지지 않은 불씨를 묻어놓은 채 휴화산의 상태로 살아가는 이들이 대부분일 것이다. 그러나 종교적 신념에 중심을 두었거나 올바른 몸가짐으로 욕정에 사로잡히지 않는다면 남은 인생 여정에서 휴식 중인 화산이 폭발할 가능성은 많지 않다고 보는 것이 타당하다.

매스컴을 통한 건강강좌는 노인일수록 남녀 간의 스킨십은 반드시 필요하다고 제언한다. 따라서 성생활은 월 2, 3회는 갖는 것이 좋다며 건강 생활로 안내하기도 한다. 다년간 이 분야에 대한 연구와 실험으로 공인된 자료를 발표한 내용일 것이다. 늦은 나이가 되도록 성생활을 즐기려는 마음은 대부분의 남성들이 바라는 바이지만 체력적인 조건과 여유롭지 않은 경제생활, 또한 배우자와의 영별 등으로 상대를 만날 수 없는 이유 때문에 원만한 성생활을 즐기는 이는 많지 않다는 것이 내 생각이다. 경제적인 이유란 전문 의료 서비스를 받아 그 분야에 적합한 시술이나 투약의 방법으로 해결한다는 어느 비뇨기과 의료인의 조언을 들은 적이 있기 때문이다. 그러나 그러한 방법을 이용한다는 것이 최선이거나 타인에게도 권유할 만한 것은 아니라고 본다.

그 외에도 배우자와 함께 노년을 보내고 있어도 대개의 어른들은 이런저런 사유로 원만한 성생활을 즐길 수 있는 가정이 많지 않을 것이다. 완전히 잦아들지 않은 남성의 욕구를 해소할 만한 대부분의 합법적인 상대는 이미 운우(雲雨)의 정을 나누는 것이 거추장스러울 만한 시기에 도달했을 것이기 때문이다. 그것은 폐경기 이후 급격하게 저하되는 여성의 성욕 감퇴로 성생활을 멀리하게 되기 때문인데 한국인은 50대부터 부부간 성생활을 아예 하지 않는 비율이 30% 이상이라는 것이다.

이 무렵이 되었다면 성생활은 이미 물 건너간 것이라 여기고 그에 대한 미련은 그만 내려놓는 것이 자신의 품위나 아내의 입장에 대한 배려일 수도 있다. 만일 어떤 뜻하지 않은 기회가 있어 남녀 간 하룻밤 쾌락의 시간을 보낸다 해도 그것은 성행위일 뿐 성생활이라고 말할 수는 없다. 그러나 원치 않는 행위를 상대에게 강요한다면 그것은 성추행이나 성폭행일 수밖에 없는 것이며 강요받는 것 역시 원만한 행위는 아니다. 자신의 욕정을 해소하는 방법으로 상대방에게 정신적 혹은 육체적인 부담을 주어서도 안 되는 것이 인간으로서 지켜야 할 도리다. 그것은 원만한 성생활이 아니다.

지난해 늦가을, 은행나무 가지마다 노란 잎이 바람에 날리던 어느 날 늦은 오후에 한 여자아이를 만난 적이 있다. 등산모임에서 친하게 된 그 아이는 나와 한 세대 가까운 차이가 있어 나를 선생님이라고 부르기도 하고 기분 좋은 때는 큰오라버니라며 까불기도 하는 여자다. 시내에서 만나 가볍게 차 한 잔 마시고 헤어질 예정이었는데 어쩌다가 기회를 놓쳐 자연스럽게 저녁식사까지 함께하게 되었다. 반주로 곁들인 소주 몇 잔으로 부드러운 대화를 나누는데 격의 없는 분위기에 젖게 되었다. 그 아이 역시 밝은 표정으로 불그레하게 상기된 표정이 좋아 보였다. 나를 큰오라버니라고 호칭하는 것으로 보아 좋아 보인다는 말인데 나 역시 젊은 여인과의 시간이 황혼녘의 햇살처럼 새삼스럽기도 했다. 그런데도 마음 한구석에서는 내 자신을 향한 또 다른 내가 타이르는 것이었다. "이 사람아, 뭔 짓이야…… 얼른 헤어져서 들여보내지 않고……."

호젓한 밤길을 걷다가 숲이 우거진 공원 벤치에 앉았다. 등산에 대한 이야기도 하고 다음 산행에 대한 정보를 나누는데 가을밤 시간은 빠르게 깊어간다. 가정과 자녀들에 대한 이야기도 하다가 그녀의 원만치 않다는 성생활에 대한 이야기까지 듣게 되었다. 그 아이가 어떤 이유와 목적으로 내게 그와 같은 고백을 하는가에 대해서는 섣불리 해석할 수는 없어도 나를 진정 어른으로, 인생의 선배로 인정하고 어떤 해법을 찾으려는 상담이 아닌가 싶기도 했다. 그러지 않고야 드러내기 쉽지 않은 은밀한 부부간의 잠자리 이야기까지를 숨김없이 털어놓을 수가 있을까. 나는 어른답게 그 아이를 위해서 도움이 되는 길과 방법을 찾으려 고민했다.

밤이 이슥해 이제 그만 자리에서 일어서려 했다. 그렇지만 크게 괘념치 않는 것으로 보아 그 아이는 그때 내게 한 여인으로 다가오고 있었던 것이 아닌가 싶었다. 남녀 간의 육체적 결합이란 국경이나 신분, 나이와 처지 환경 그 무엇에도 구애받지 않는 원초적인 본능이 아닌가. 신앙의 양심이나 도덕적 관념에서 자유로울 수만 있다면 쾌락을 좇는 남성성이란 지적인 감각에 둔감한 단세포적 생명체인 관계로 분위기만 조성된다면 어느 곳의 어느 상대에게도 진입이 가능한 것이 아니던가. 그래서 남녀 간에는 외적(外的)으로 전혀 어울리지 않을 것 같은 사이에서도 예기치 않은 사건이 발생할 수 있는 것이다.

우리 시절에도 그러했지만 요즘 젊은 남녀 간 사랑의 행위는 대담하게 이루어지고 있었다. 늦은 밤 시간 공원 가로등 불빛이 나뭇잎에 가려진 곳이라면 대개의 젊은 커플이 숨어 앉아 그들만의 행위에 빠져 있었다. 민망해하는 나에 비해서 예사롭게 넘기고 있는 이 아이는 저네들과 동 세대로서 정서적으로 근접해 있는 가치관 때문인가. 이래서는 안 되는 일이었다.

도대체 내가 지금 어떤 상황에 처해 있는가. 이 젊은 아이와 지금 어떤 자리에 앉아 있는가. 우리는 진정 사랑하기에 자연스럽게 이루어지는 스킨십의 기회가 아니지 않은가. 이건 아니라는 양심의 소리가 가슴속에서 용솟음치듯 나를 괴롭게 흔들어대고 있었다. 얼른 자리에서 일어나 귀가를 서두르는 내게 던지듯 했던 그 아이의 말 한마디가 아직도 귓가에 맴돌고 있다. "선생님, 참 도덕군자시군요." 그것은 존경하는 의미가 아닌 서운함을 내포한 경멸하는 억양으로 들려

왔다. 그 아이가 뜻하는 도덕군자인지 어떤지는 몰라도 나는 내 나이에 맞는 생각과 양심으로 살아가고 있는 평범한 남자일 뿐이다.

몇 달이 지나 새해가 되고 두세 번의 산행이 있었지만 그 아이는 나오지 않아 만날 수가 없었다. 봄이지만 잦은 꽃샘추위로 을씨년스럽던 어느 날 밤에 한 남자의 전화를 받았다. 술 취한 음성의 전화 목소리는 정확하게 발음을 하지 못하는 것으로 보아 올바른 이성을 소유했다고는 볼 수 없었다. 전화의 목소리는 대뜸 그 여자아이 이름을 말하는 것이었다. 한밤에 걸려온 전화의 목소리가 그녀 이름을 꺼내는 것으로 보아 나는 그 아이에게 어떤 심상치 않은 일이 벌어진 것이라고 판단하고 순수한 마음으로 물었다. "그녀에게 무슨 일이 일어난 겁니까?" 그랬더니 대뜸 "무슨 일이 일어난 것을 어떻게 알았느냐?"면서 횡설수설 시비를 걸고 있다. 몇 번이고 끊어졌다 이어진 통화의 내용을 종합해 보자면 이 남자는 그 아이의 남편인데 내가 회장으로 있는 산악회 어떤 회원과 그녀가 불륜을 저질렀다는 것이다. 정부(情夫)라는 회원의 이름을 대면서 연락번호를 묻는 것이었다. 지금은 알 수 없다고 했더니 "같은 회원이며 그 모임의 회장이라는 양반이 연락번호를 모른다는 것이 말이 되느냐"고 따지듯 묻는 것이었다. 연락처를 알고 있다 하더라도 어떠한 상황인지 알 수 없는 시점에서 쉽게 알려 줄 수는 없는 노릇 아닌가.

원만치 않은 성생활에 대한 불만을 내게 하소연하더니 마침내 부부관계가 어떤 난기류에 휩싸이고 있나 보다. 상세한 내용이야 알 길이 없지만 아마도 불륜을 저지른 사실을 남편이 알게 되었을 것이고 상대 남자의 신원에 대해서도 파악이 되었을 것이라는 추측을 할 뿐이다. 만취한 사람의 정확하지 않은 발음으로 이어지는 휴대전화 통

화가 얼마나 피곤한 일인가. 내일 아침 맑은 정신일 때 다시 통화하
자는 말로 마무리 짓고 일방적으로 끝낼 수밖에 없었다.

　그 후에도 여러 차례 신호음이 울렸지만 수신하지 않은 채 스위치
를 꺼 버리고 통화를 끝냈다. 그러나 술 취함에서 깨어났을 다음 날
도 그다음 날도 목소리의 주인은 다시는 내 수화기를 찾아오지 않았
다. 많은 생각을 하게 되었지만 나 역시 그 일에 대하여는 얼른 잊는
것이 좋을 것 같아 관심을 끊은 채로 여러 날이 지나가고 있다.

　복잡다단한 세상에는 수많은 인격체들이 살아가고 있다. 다양한
삶의 방식에 의해서 발생하고 소멸하는 삶의 형태가 단색의 그림과
같을 수야 없을 터이나 그날 밤 내가 불륜의 덫에 걸려들지 않은 것
은 얼마나 다행스러운 일인가. 늦은 밤, 인적이 뜸한 숲속에서 짧은
스커트 아래로 드러난 젊은 육신이 접근해 올 때 사념(邪念)에 치우치
지 않고 품위를 지킬 수 있는 이성(理性)적인 남성 성(性)을 그리 흔하
게 만날 수 있으랴. 달콤한 회오리로 변한 그녀의 유혹에 어느 갈대
하나가 품위를 잃은 채 바닥으로 쓰러지고 말았다는 것은 쉽게 이해
되는 상황이다. 나 역시 인생 후반부에 무엇보다도 품격과 명예를 소
중히 해야 할 시점에 지울 수 없는 오점과 불명예스러운 작태로 말년
을 더럽힐 뻔했지 않은가. 술 취한 그 목소리가 다른 사람이 아닌 바
로 나 자신의 이름을 거명했더라면 법적·도의적 책임을 어찌 감당했
을까. 이제 와 생각하면 그 밤의 단호했던 내 행동에 나 자신이 박수
를 보내고 싶어진다. 육적인 욕심을 억제했더니 영혼이 가벼워졌다.

　그날 밤 나를 향해 "원만한 성생활을 위하여"라고 제창(齊唱)했던
건배사를 들으며 공통의 관심사로 인한 유쾌한 시간을 보내고 들어
왔다. 나이 들어 원만한 성생활은 물 건너갔어도 그만큼 자극적이지

않더라도 한 차원 다른 일에서 보람을 찾는다면 그 또한 즐거운 삶이 되지 않을까. 가령 손자가 태어나고 자라면서 성숙해 가는 과정을 지켜보면서 행복한 감상에 젖는 일이라든가, 어느 좌석에서든 남녀구별 없이 윗사람으로서 권위를 인정받는 것, 이루지 못한 것에 대한 아쉬움이나 부질없는 욕망에서 벗어나 그 어떤 계층의 사람들과도 자연스레 소통할 수 있는 넉넉해진 대인관계, 적은 규모의 지출로서도 문화 활동이나 취미생활을 즐길 수 있는 사회제도, 특히 종교에 심취하고자 하나 정신세계를 끊임없이 어지럽히던 잡념에서 자유로울 수 있다는 것은 얼마나 홀가분한 일인가. 이것은 본능을 누를 줄 아는 인간만이 누리는 절제의 미학이라고나 할까. 그래서 아름다운 노년은 예술작품이라는 말이 생겨났을 것이다.

2012. 7.

서대화 ─────────────────────────

　광림교회 권사
　2001년 수필문학 薦了 등단
　2009년 에세이스트 신인상 수상 등단
　한국 인성수필 연구학회 회장
　펜넷 문학회 회장
　수필문학, 에세이스트 정회원

　e-mail: signnoon@hanmail.net
　연락처: 010-4579-8768

　기존 수필문학에 인간의 양지(良志)를 담으려 노력하고 있지만 내 필력으로는 갈 길이 멀다. 드라마틱하거나 역경을 이겨낸 인간 승리적 요소 하나 없이 평범하게 살아온 이야기를 인성수필이라고 써 왔으나 막상 출간하려니 부끄러움과 두려움이 앞선다. 아직도 여물어야 할 설익은 글이나 혜량해 주시기만 바랄 뿐이다. 특히 내 자손들에게는 조상이 걸어가면서 남긴 사유(思惟)의 흔적으로 알고 귀하게 받아줄 것을 당부하는 바이다.

휘파람새의 전설

초 판 인 쇄 | 2012년 12월 7일
초 판 발 행 | 2012년 12월 7일

지 은 이 | 서대화
펴 낸 이 | 채종준
펴 낸 곳 | 한국학술정보㈜
주   소 | 경기도 파주시 문발동 파주출판문화정보산업단지 513-5
전   화 | 031) 908-3181(대표)
팩   스 | 031) 908-3189
홈 페 이 지 | http://ebook.kstudy.com
E - m a i l | 출판사업부 publish@kstudy.com
등   록 | 제일산-115호(2000. 6. 19)

ISBN   978-89-268-3956-0 03040 (Paper Book)
            978-89-268-3957-7 05040 (e-Book)

이담 books 는 한국학술정보(주)의 지식실용서 브랜드입니다.